LYSISTRATA

Aristophane

LYSISTRATA

Traduit du grec par Lætitia Bianchi et Raphaël Meltz

arléa

16, rue de l'Odéon, 75006 Paris

www.arlea.fr

Collection "Poche-Retour aux grands textes"
– Dirigée par Claude Pinganaud –
– Domaine grec –
– N° 89 –

Novembre 2012
EAN 9782363080066

À Nicolas de Crécy

À l'attention des gens méfiants, égoïstes, irréligieux, coquins, sots, bouffons et débauchés

Faites l'amour, pas la guerre. L'expérience montre que ce slogan ne mène à rien : puisqu'on peut à la fois faire l'amour et faire la guerre, et que faire l'un n'a jamais empêché de faire l'autre. Au Vᵉ siècle avant J.-C., en pleine guerre du Péloponnèse[1], Aristophane imagine un mot d'ordre bien plus efficace : *ne faites pas l'amour, ça arrêtera la guerre.*

Lysistrata est jouée en 411, alors qu'Athènes est au bord de la défaite. La comédie s'empare d'une réalité tragique. Aristophane se fait le porte-parole de l'exaspération de ses concitoyens et, en désespoir de cause, imagine une solution ultime pour résoudre

1. La Guerre du Péloponnèse (431 à 404 av. J.-C.) met aux prises toutes les cités grecques qui se rangent derrière l'une ou l'autre des deux rivales, Athènes et Sparte. Après dix ans de combats (431-421), le statu quo négocié par Nicias en 421 est un véritable espoir de paix. En 413, la reprise des hostilités (la catastrophique expédition de Sicile menée par Athènes) est un coup dur pour les partisans de la paix.

le conflit : laisser la parole aux femmes, ou du moins à une femme responsable et audacieuse, Lysistrata.

– Et que pourrions-nous bien faire, nous les femmes, de malin ? Nous qui passons nos journées assises, toutes pomponnées, toutes mignonnes, avec nos petites robes couleur safran, nos manteaux droits et nos belles chaussures ?

– Eh bien c'est justement cela qui va nous sauver : les petites robes jaunes, les parfums, les belles chaussures, le maquillage, les petites chemises transparentes.

– Ah bon ?

Lysistrata convainc les femmes de toutes les cités grecques de mener une grève du sexe tant que la guerre durera. Les ambassadeurs spartiates et athéniens, se découvrant soudain unis par un même mal (*Nous bandons !*), mettent fin aux combats. La paix est conclue. *Happy end.*

La réalité sera bien sûr tout autre : Athènes s'effondre en 404 av. J.-C. Aristophane (446-385) en est le témoin direct – témoin nostalgique[1], comme bon nombre de ses contemporains, qui choisit pourtant le rire pour dénoncer les travers de son époque. Ses pièces s'adressent à tous, se permettent les pirouettes les plus osées sur l'actualité, rail-

1. C'est pourquoi les notices le dépeignent parfois comme un conservateur, doublé d'un ignorant qui ne comprit pas le génie de Socrate (assimilé à un sophiste donc très durement attaqué dans *Les Nuées*, 423 av. J.-C.).

lant l'aventurisme des politiciens (*ces lascars-là, les je-ne-trahirai-pas-les-masses, les je-lutterai-toujours-pour-le-peuple-d'Athènes !*[1]), dénonçant la manie des procès et la mauvaise gestion des affaires, se moquant de la naïveté du peuple.

L'impertinence politique d'Aristophane est un défouloir à l'inventivité permanente – équivalent direct de ce qu'a pu être le théâtre de marionnettes ou de ce que sont aujourd'hui certaines émissions satiriques à la télévision. L'influence d'Aristophane sur le peuple inquiète : Platon qualifie Athènes de « théâtrocratie[2] ». De fait, les comédies, qui sont jouées pendant les fêtes religieuses (les grandes dionysies et les lénéennes), rassemblent la collectivité entière : citoyens, étrangers, métèques, peut-être même femmes et esclaves. Or Aristophane a du succès[3] – comment n'en aurait-il pas ?

Un mélange permanent de grossièreté et de poésie a fait le succès de ce théâtre, adapté au goût et à la pensée d'un public méfiant, égoïste et irréligieux, dit le dictionnaire[4].

Chez lui, le savoir n'est pas l'expérience de la vie, il est coquinerie ; la rusticité n'est pas naïve, elle est sotte ; le ridicule n'est pas enjoué, il est purement

1. *Les Guêpes*, 422 av. J.-C.
2. Platon, *Les Lois*, 700 c.
3. Aristophane aurait écrit quarante-quatre pièces ; onze seulement sont parvenues jusqu'à nous. Un classement était effectué parmi les pièces ; on sait qu'Aristophane connut à plusieurs reprises les faveurs du public, *Les Acharniens* et *Les Grenouilles* reçurent par exemple le premier prix de comédie.
4. *Petit Robert des noms propres*, édition de 1996.

bouffon ; quant à l'amour, il n'est pas joyeux, il est débauché, dit Plutarque[1].

Soyez confiants, altruistes, respectueux, sages, naïfs, enjoués et amoureux. Lisez Aristophane. Car c'est tout le contraire. Ou plutôt c'est exactement ça : la grossièreté au service de la poésie. Aristophane multiplie les jeux de mots vulgaires, or ses pièces sont pleines de finesse. Comme chez Rabelais, la crudité des situations entre au service de la littérature. Aristophane ne se refuse rien : dieux et déesses, hommes politiques et écrivains célèbres (morts ou vifs), hommes et femmes anonymes, objets animés, animaux, tout le monde s'en donne à cœur joie.

Il y a deux mille cinq cents ans, Aristophane raconte l'actualité éternelle : les rapports hommes-femmes, la vie quotidienne, la guerre et la paix, l'inégalité des richesses, les modes littéraires. Rien n'est daté. Lysistrata est une féministe d'aujourd'hui, à qui l'utopie d'Aristophane accorde, le temps d'une comédie, le pouvoir :

Raison ? Comment ça, raison, imbécile ? Vous preniez des décisions désastreuses et il n'aurait fallu faire aucune remarque ? [...] À votre tour d'écouter nos conseils et de vous taire, comme nous auparavant. Nous allons vous remettre sur le droit chemin.

1. Attribué à Plutarque, *in Comparaison entre Aristophane et Ménandre*, Ier siècle.

À la différence des deux personnages des *Oiseaux*, qui fuient Athènes en proie aux procès et à la guerre pour s'installer dans *une ville riche en laine où s'étendre comme sur un gros tapis moelleux*, Lysistrata ne cherche pas son salut personnel : elle veut celui de la Grèce entière. Et pourtant elle n'est pas une déesse qui vient au secours d'Athènes, comme dans la *Paix*. C'est une femme comme une autre, juste un peu plus maligne et décidée. Une héroïne, donc, mais une héroïne peu avide de pouvoir, qui se retire une fois sa mission accomplie : elle s'efface lors de la dernière scène, le banquet des réjouissances en l'honneur de la paix.

Lysistrata est celle par qui les ressorts comiques les plus crus arrivent – puisque c'est elle qui a l'idée de mener une grève du sexe –, mais jamais elle ne perd sa stature d'héroïne mesurée. Le comique de situation, de geste et de langage est laissé aux autres personnages : du côté des femmes, Lampito, Calonice et Myrrhine oscillent entre érotisme et vulgarité ; du côté des hommes, l'inventivité bat son plein en matière de jeux de mots obscènes. Durant toute la pièce, Lysistrata endosse le rôle de spectatrice des rapports homme-femme : elle est le témoin amusé de l'amour conjugal, de l'amour pas conjugal et de la guerre des sexes – un témoin parfois agacé, lorsque la responsabilité cède le pas devant l'impérieuse envie de baiser(s) et que les femmes tentent de faillir à leur promesse d'abstinence.

Comme on le disait en 1927 :

Certes cette comédie abonde en peintures licencieuses, en détails scabreux, en termes qui nous scandalisent, nous modernes, mais qui ne choquaient nullement les anciens, étant donné leurs idées et leurs mœurs. Mais la pensée inspiratrice est si élevée, la pièce d'un bout à l'autre d'une si franche gaieté, le caractère de Lysistrata est si beau et sympathique, ses intentions si pures, son habileté et sa fermeté si constantes, qu'elle ravit notre admiration[1].

Espérons qu'il n'est plus besoin de s'excuser de traduire certains passages, et qu'il est admis que nos idées modernes et nos mœurs licencieuses, et scabreuses, et scandaleuses sont exactement les mêmes que celles des anciens. Dans *Lysistrata*, les femmes aiment le sexe et en parlent ; les hommes de même, quoiqu'ils passent pour moins finauds. La bienveillance de l'humour d'Aristophane est si apparente que l'on se demande comment certains ont pu le taxer de misogynie, lui qui a choisi dans plusieurs de ses pièces des femmes pour laisser libre cours à ses rêves de paix et de bonheur :

Je déclare qu'il faut laisser la cité aux femmes ! [...] *Laissons-les simplement gouverner, et ne voyons qu'une chose : c'est qu'étant mères elles auront d'abord à cœur de sauver les soldats*[2].

Lui qui les fait parler avec humour :

Au moindre spectateur, tragédien ou chœur, nous voilà bonnes, nous « les galantes, les coureuses de mâles,

1. Préface d'Hilaire van Daele à l'édition Belles Lettres de *Lysistrata*, 1927.
2. Proxagora dans *L'Assemblée des femmes*, 392 av. J.-C.

les ivrognes, les salopes, les pipelettes, les pourritures, le fléau des maris ». Du coup, à peine rentrés du théâtre, nos maris nous regardent de travers et courent vérifier s'il n'y a pas un amant caché dans la maison[1].

Et lui qui les laisse se défendre avec tant de justesse :

Nous sommes le grand fléau des hommes. Tout vient de nous. Les procès. Les disputes. Les rébellions terribles. Les chagrins. Les guerres. Mais voyons, puisque nous sommes un fléau, pourquoi nous épousez-vous, hein, puisque nous sommes un fléau ? Pourquoi ne nous laissez-vous ni sortir ni pencher la tête dehors, pourquoi déployez-vous tant de zèle à garder le fléau ? S'il arrive que votre petite femme soit sortie et que vous la trouviez dehors, vous voilà fous furieux, alors que vous devriez vous réjouir si vraiment vous estimiez que le fléau a décampé, si vous ne trouviez plus le fléau à la maison[2] *!*

1. Chœur des femmes, *Les Thesmophories*, 411 av. J.-C.
2. *Ibid.*

Notes sur la traduction

Vous êtes traducteur. Vous êtes gêné, mais ce qui est écrit est écrit. Vous hésitez. Vous oscillez entre le désir de couper ces horreurs et le respect de l'auteur ancien. Enfin, vous trouvez la solution : une note de bas de page.

Le procédé est poussé à l'extrême dans l'édition des Belles Lettres, dont le corpus de notes parvient à être plus cru que le texte lui-même, puisqu'il regorge de renvois précis à d'autres passages et d'explications alambiquées... en latin : *Lysistrata donne ici à* pedion *le sens de* hortus *ou* campus muliebris. *Cf.* Oiseaux *506 et suiv.* ; *Lysistrata rapporte ce mot à* kainein, *« être ouvert, béant » et l'applique à la croupe opulente de la Corinthienne, une callipyge, comme beaucoup de ses compatriotes* ; *les Grecs appelaient* chien, chienne *les parties de l'homme et de la femme* [...] ; *l'expression équivaut à* déphestai, masturbari (*cf.* Cavaliers *29*).

En dépit de son charme désuet et de son humour involontaire, nous nous sommes résolus à renoncer à cette forme de traduction, par respect pour les lecteurs pressés et les spectateurs de théâtre à qui on ne lit pas les notes de bas de page. Renseigner les hommes et femmes de plus de dix-huit ans sur ce qu'on voulait leur cacher, à savoir la modernité du théâtre d'Aristophane, voilà donc l'objectif de cette nouvelle traduction.

L'édition des Belles Lettres (1927) reste cependant la référence pour qui voudrait lire le texte grec en regard de la traduction d'Hilaire van Daele. Il faut citer également l'édition de la bibliothèque de la Pléiade (traduction de Pascal Thiercy, 1997), très complète, et qui explicite notamment les quelques problèmes d'attribution de répliques de la pièce – un seul manuscrit complet de *Lysistrata*, le Ravennas, étant parvenu jusqu'à nous.

Outre les jeux de mots obscènes, un des ressorts comiques du texte est la différence entre le langage des Athéniens (le dialecte attique, qui correspond au grec classique) et le langage des Spartiates (le dialecte laconien). Les Spartiates jurent en permanence *par Castor et Pollux*, déforment des mots et simplifient la syntaxe, ce que nous avons tenté de rendre en français, plutôt que d'apparenter ce langage à de la dyslexie ou à un patois (choix de l'édition de la Pléiade), voire de l'ignorer superbement (choix de la plupart).

Le texte grec ne comporte pas d'indications de jeu de scène ; nous avons ajouté quelques didascalies pour faciliter la lecture. C'est également dans un souci de compréhension que nous avons omis quelques références géographiques ou mentions de personnages mineurs, les autres références étant expliquées en notes. Les jurons adressés à des dieux précis mais correspondant à une habitude de langage et non à un sens spécifique ont été rendus par les expressions actuelles *pardi !*, *mon dieu !*, etc.

Enfin, il faut rappeler que le nom de l'héroïne, *Lysistrata*, signifie littéralement « celle qui dissout les armées ». Aristophane construit en effet presque toujours le nom de ses personnages sur un jeu de mots. Nous avons cependant conservé son titre grec à la pièce, de même que le nom des personnages principaux, afin de ne pas alourdir la lecture et de ne pas « forcer » le sens de certains noms – puisqu'en français aussi on oublie les connotations des noms et prénoms (Lebœuf, Legrand, Claire, Clémence, etc.) Rappelons néanmoins que le nom de *Myrrhine* évoque la baie de myrte, et donc le sexe féminin, que le nom de *Stratyllis* contient le mot « armée », et que *Calonice* signifie « belle victoire ». Étant donné son rôle particulier dans la pièce, nous avons fait une exception pour *Cinésias*, nom à l'obscénité explicite formé à partir du verbe *kinein*, « baiser » : d'où son nom, ici, de Niquelas. Nous avons en outre francisé le nom de quelques personnages n'ayant qu'une occurrence dans la pièce ; ainsi nous avons traduit *Nicodicè* par Victoire, *Calyce* par Anabelle, *Critylla* par Justine, *Philourgos* par Lebosseur, *Phédrias* par Joyeux, *Rhodippe* par Philippine.

L. B. & R. M.

LYSISTRATA

Athènes. Une place déserte, à l'aube. Lysistrata attend, impatiente.

LYSISTRATA

Franchement ! Si on les avait invitées à une fête de Pan ou d'Aphrodite, ou à une Bacchanale, on ne pourrait pas faire un pas au milieu de la pagaille. Tandis que là, pas une femme.

Calonice arrive.

LYSISTRATA

Ah, quand même ! Une voisine. Salut, Calonice.

CALONICE

Salut, Lysistrata. Pourquoi tu fais cette tête ? On dirait une porte de prison ! Ça ne te va pas du tout de froncer les sourcils comme ça, ma cocotte.

LYSISTRATA

C'est que je vais faire un ulcère, à force, Calonice. J'en ai marre : les hommes pensent que nous, les femmes, on est toujours prêtes à tout...

CALONICE

C'est vrai, non ?

LYSISTRATA

... et là, je donne rendez-vous pour parler de quelque chose de très, très important, et pas une ne fait l'effort de venir. Elles sont toutes restées dormir.

CALONICE

Mais enfin, ma chérie, elles vont arriver ! Tu sais, pour une femme, ce n'est pas si facile de sortir de la maison. Entre celle qui cajole son mari, celle qui tire l'esclave du lit, celle qui couche son bébé, celle qui le torche, celle qui lui donne sa purée...

LYSISTRATA

Justement. Pour une fois qu'il y a mieux à faire.

CALONICE

Ah bon, et quoi ? Allez, dis-moi : pourquoi tu nous as convoquées, Lysistrata ? Pour quelle raison ? Elle est de taille, j'espère ?

LYSISTRATA

Oh oui, elle est très grande.

CALONICE

Elle est grosse aussi ?

LYSISTRATA

Oh oui... très grosse.

CALONICE

Et les femmes ne viennent pas ?

LYSISTRATA

Ce n'est pas ce que tu crois, sinon elles seraient déjà toutes là, évidemment. Non. Il s'agit d'une idée que j'ai caressée, que j'ai triturée au cours de mes nuits blanches.

CALONICE

Elle doit être toute fine à force d'avoir été triturée...

LYSISTRATA

Ah ça, c'est le fin du fin : le sort de toute la Grèce est entre les mains des femmes.

CALONICE

Des femmes ? Alors ça ne tient pas à grand-chose !

LYSISTRATA

C'est comme ça. La situation politique dépend de nous. Ou alors il ne restera bientôt plus aucun Péloponnésien...

CALONICE

Ça ne sera pas une grande perte !

LYSISTRATA

... toute la Béotie sera détruite...

CALONICE

Ah non, non, pas toute la Béotie... qu'on garde au moins leur délicieux poisson !

LYSISTRATA

... quant à Athènes, je ne veux pas lui porter malheur, mais tu m'as comprise. (*Un temps de réflexion.*) En revanche, si les femmes se réunissent ici, celles de Béotie, celles du Péloponnèse et nous-mêmes, toutes ensemble nous sauverons la Grèce.

CALONICE

Et que pourrions-nous faire, nous, les femmes, de malin ou d'incroyable ? Nous qui passons nos journées assises, toutes pomponnées, toutes mignonnes, avec nos petites robes safran, nos manteaux droits et nos belles chaussures ?

LYSISTRATA

Eh bien, c'est justement ça qui va nous sauver, j'espère : les petites robes jaunes, les parfums, les belles chaussures, le maquillage, les petites chemises transparentes...

CALONICE

Ah bon ? Et comment ?

LYSISTRATA, *ne l'écoutant pas*

... Résultat : les hommes ne porteront plus jamais de boucliers...

CALONICE

Si c'est ça, je cours me faire teindre une robe au safran...

LYSISTRATA

... ni de lances...

CALONICE

... enfiler un petit manteau...

LYSISTRATA

... ni la moindre épée...

CALONICE

... et acheter de belles chaussures !

LYSISTRATA, *de nouveau à Calonice*

Les femmes devraient toutes être là, non ?

CALONICE

Ben tiens ! C'est en courant qu'elles auraient dû se ramener !

LYSISTRATA

Ne t'inquiète pas, ma chère, on va finir par les voir débarquer, les Athéniennes, à la dernière minute, en bonnes Méditerranéennes. (*Elle regarde au loin.*) Pas une femme ! Ni de la côte, ni de l'île de Salamine...

CALONICE

Pourtant, celles-là, elles aiment mouiller dès le matin... leurs bateaux.

LYSISTRATA

Même celles que je pensais voir en premier, les Acharniennes, qui souffrent tant de la guerre, elles ne sont pas là.

CALONICE

Pour venir jusqu'ici, ces ivrognes ont encore dû boire... la tasse. (*Un temps.*) Mais regarde, en voilà qui arrivent !

LYSISTRATA

Et là, d'autres !

CALONICE, *se bouchant le nez*

Aïe aïe aïe ! Mais d'où sortent-elles ?

LYSISTRATA

Des marécages d'Anagyre.

CALONICE

Eh bien, grands dieux, ça se sent ! Elles ont dû les traverser pour arriver.

Un groupe de femmes s'approche. Myrrhine s'avance.

MYRRHINE

On n'est pas trop en retard, dis, Lysistrata ? (*Lysistrata ne répond pas.*) Qu'est-ce qu'il y a ? (*Lysistrata ne répond toujours pas.*) Pourquoi tu ne dis rien ?

LYSISTRATA

Je ne te félicite pas, Myrrhine, de n'arriver que maintenant, alors que l'heure est grave.

MYRRHINE

C'est que j'ai eu beaucoup de mal à trouver ma ceinture dans le noir. Mais puisque c'est si urgent, parle, on est là.

LYSISTRATA

Non. Attendons encore quelques minutes que les femmes de Béotie et du Péloponnèse arrivent.

CALONICE

Ça c'est bien dit ! D'ailleurs, voilà Lampito qui arrive !

Entre la Spartiate Lampito, accompagnée de deux jeunes filles, une Béotienne et une Corinthienne. Lampito, d'apparence très sportive, est peu vêtue.

LYSISTRATA

Bonjour, Lampito, ma petite Spartiate préférée ! Tu es resplendissante, ma toute douce. Quelles belles couleurs ! Quel corps musclé ! Tu pourrais étrangler un taureau !

LAMPITO

Par Castor et Pollux, je fais de la gymnastite ! Je me tape les fesses avec les talons ! (*Elle mime.*)

CALONICE

Quelle chance d'avoir d'aussi beaux seins ! (*Elle les palpe, suivie de Myrrhine.*)

LAMPITO

Oh là ! Vous me tâtez comme une bête bonne au sacrifiçage !

LYSISTRATA

Et cette jeune femme, d'où est-elle ?

LAMPITO

Par Castor et Pollux, c'est une très beaucoup vénérable dame, une Boétienne.

CALONICE

Ça se voit : elle a le bassin fertile de la Béotie.

MYRRHINE

Et ses herbes ont été joliment épilées.

LYSISTRATA

Et qui est cette autre fille ?

LAMPITO

Par Castor et Pollux, c'est une Corinthidienne. Sa famille est d'origine profonde.

CALONICE

Ah ça, profonde, c'est clair qu'elle l'est, d'un côté comme de l'autre !

LAMPITO

Mais qui est-ce qui a convoquassé toute cette troupe de femmes ?

LYSISTRATA

C'est moi.

LAMPITO

Alors, raconte-nous ce que tu veuilles de nous.

CALONICE

Oui, ma chérie, dis-nous enfin ce qui te préoccupe tant.

LYSISTRATA

Je vais vous le dire. Mais d'abord, laissez-moi vous poser une question – une toute petite question.

CALONICE

Vas-y, tout ce que tu veux.

LYSISTRATA

Les pères de vos enfants sont au front. Ne vous manquent-ils pas ? Ils sont si loin...

CALONICE

Oh là là, le mien, ça fait cinq mois qu'il est en Thrace, à garder son général.

MYRRHINE, *comptant sur ses doigts*

Le mien, ça fait sept mois entiers qu'il est à Pylos...

LAMPITO

Et le mien, quand il revient parfois à la maison, aussitôt le voilà-t-il pas qui reprend son bouclier : et pfffuit, évaporisé !

MYRRHINE, *continuant à compter*

... et ça fait même douze mois que je n'ai pas vu un godemiché de huit pouces dont le cuir aurait pu me soulager.

CALONICE

En plus, pas moyen de voir l'ombre du début d'un amant.

LYSISTRATA

Alors comme ça, vous seriez d'accord pour me suivre si j'avais un moyen de mettre fin à la guerre ?

CALONICE

Grands dieux, moi, en tout cas, je marche ! Même si je dois vendre cette robe et donner tout l'argent.

MYRRHINE

Moi aussi ! Quitte à être coupée en deux comme une sole, et à donner la moitié de moi-même !

LAMPITO

Moi aussi. Je grimperasserais même tout en haut du mont Taygète, si de là-bas je pouvais apercevoidre la paix.

LYSISTRATA

Bien. Je ne vais pas garder le secret plus longtemps. Nous devons, nous, les femmes... si nous voulons forcer nos maris à faire la paix... nous devons nous passer de...

CALONICE

De quoi ? Dis, dis !

LYSISTRATA

Vous le ferez ?

CALONICE

On le fera, même si on doit en mourir.

LYSISTRATA

Eh bien : nous devons... nous passer de... bites. (*Consternation générale. Lysistrata passe d'une femme à l'autre.*) Tu me tournes le dos ? Tu t'en vas ? Tu fais la tête ? Tu dis non ? Tu changes de couleur ? C'est une larme, ça ?... (*À toutes.*) Vous le ferez ou vous ne le ferez pas ? Vous hésitez ?

CALONICE

Jamais ! Je ne le ferai jamais ! Que la guerre suive son cours !

MYRRHINE

Moi non plus ! Que la guerre suive son cours !

LYSISTRATA

C'est toi qui dis ça, la sole ? Toi qui disais à l'instant que tu te couperais en deux !

MYRRHINE

Tout ce tu veux, tout ce que tu veux ! Je suis même prête à marcher sur le feu : tout plutôt que se passer de bite. Car rien ne vaut la bite, ma chère Lysistrata.

LYSISTRATA, *à Calonice*

Et toi ?

CALONICE

Moi aussi je veux marcher sur le feu !

LYSISTRATA

Ah, les femmes... quelle belle bande de salopes ! Pas étonnant qu'on écrive des pièces contre nous ! C'est Euripide[1] qui a raison : on n'est bonnes qu'à une chose... (*À Lampito.*) Mais toi, ma petite Spartiate, si tu te mets de mon côté, on peut encore tout sauver. Aide-moi, s'il te plaît.

LAMPITO

Par Castor et Pollux, c'est très beaucoup pénible, pour des femmes, de roupiller toutes seules, sans une bite. Mais tout de même, on a aussi bien nécessitude de la paix ! Alors d'accord.

LYSISTRATA

Toi, ma chérie, tu es la seule femme ici !

CALONICE

Mais imaginons qu'on se prive, dans la mesure du possible, de ce dont tu viens de parler – le ciel nous en garde ! –, est-ce que, du coup, on serait vraiment totalement sûres de faire revenir la paix ?

1. La misogynie des tragédies d'Euripide (480-406 av. J.-C.), leitmotiv comique d'Aristophane, constitue l'intrigue principale des *Thesmophories*, pièce écrite en 411, la même année que *Lysistrata*.

Lysistrata

Mais bien sûr, voyons ! Si on restait là, chez nous, bien maquillées, à se balader toutes nues sous nos petites chemises transparentes, le triangle bien épilé, nos maris banderaient comme des fous et voudraient aussitôt nous baiser. Eh bien si on se refusait à eux, si on ne cédait pas, croyez-moi, ils feraient aussitôt la paix !

Lampito

Par exemple, Ménélas, il me semble bien qu'à force de reluquifier les seins d'Hélène, il a perdu son épée.

Calonice

Mais Lysistrata, et si du coup nos maris nous laissent tomber ?

Lysistrata

Alors, comme dit le poète, il faudra « caresser la petite chatte perdue » !

Calonice

Ce n'est pas une solution... (*Un moment de réflexion.*) Et s'ils nous attrapent et nous traînent de force dans la chambre ?

Lysistrata

Cramponne-toi aux portes.

CALONICE

Et s'ils nous battent ?

LYSISTRATA

Là, il faudra bien se livrer ; mais à son corps défendant. De toute façon, il n'y a pas de plaisir quand on fait ça de force. Et puis il faudra essayer de leur faire mal. Ne t'inquiète pas, ils en auront très vite assez. Un homme n'est jamais comblé s'il ne fait pas jouir sa femme.

CALONICE, *consultant du regard les autres femmes*

Bon ! Si vous êtes toutes les deux d'accord, nous aussi on l'est.

LAMPITO

Nos hommes à nous, pas de problème : on va très beaucoup les convaincre de faire une paix justiciellement sans triche. Mais votre tas d'Athéniens, comment vous allez l'empêcher de déconner ?

LYSISTRATA

Ne t'inquiète pas pour nous, va ! On saura bien convaincre les nôtres.

LAMPITO

Non ! Pas tant que votre flottaison marchera sur l'eau et qu'il y aura un gigantresque paquet de fric à l'Acropole.

LYSISTRATA

Ça aussi on s'en est occupées : on va s'emparer de l'Acropole aujourd'hui même. Les plus vieilles ont des instructions : pendant qu'on se met d'accord ici, elles, elles doivent aller à l'Acropole. Elles vont prétexter un sacrifice pour occuper les lieux.

LAMPITO

Tout va bien alors. Tu parles très beaucoup joliment.

LYSISTRATA

Lampito, pourquoi ne pas prendre un engagement définitif ? Prêtons serment.

LAMPITO

Allons-y. Fais venir le serment, qu'on le jurasse !

LYSISTRATA

À la bonne heure ! Où est l'esclave ? (*Entre une esclave, intimidée.*) Qu'est-ce que tu regardes ? Pose le bouclier ici, à l'envers. Qu'on m'apporte des entrailles.

CALONICE

Mais Lysistrata, quel genre de serment veux-tu nous faire prêter ?

LYSISTRATA

Quel genre ? Comme chez Eschyle : en égorgeant un mouton sur un bouclier.

CALONICE

Voyons, Lysistrata, on ne peut pas faire ça sur un bouclier ! Pas pour un serment de paix !

LYSISTRATA

Qu'est-ce qu'on peut faire, alors, comme serment ?

MYRRHINE

On découpe un cheval blanc en morceaux ?

CALONICE

Un cheval blanc ? N'importe quoi !

LYSISTRATA

Bon. Sur quoi peut-on prêter serment ?

CALONICE

Voilà ce que je propose : on prend une grande coupe noire, et, au lieu d'un mouton, on y égorge une cruche de vin. Puis on jure sur la coupe de ne pas y mettre d'eau.

LAMPITO

Je suis très beaucoup d'accord avec ce serment !

LYSISTRATA

Qu'on m'apporte une coupe et une cruche de vin.

L'esclave les apporte.

CALONICE

Ah, mes amies ! Quelle coupe ! (*Elle la soulève.*) Rien qu'à la toucher, on se réjouit déjà.

LYSISTRATA

Pose la coupe là, et apporte-moi la bête.

Calonice pose la coupe et donne la cruche à Lysistrata, qui commence le serment.

LYSISTRATA

Ô puissante déesse de la Persuasion, ô coupe de l'Amitié, acceptez ce sacrifice et soyez favorables aux femmes. (*Elle verse le vin.*)

CALONICE

Quel beau sang bien rouge ! Il gicle bien.

LAMPITO

Et comme ça hume bon, par Castor !

CALONICE

Laissez-moi prêter serment la première.

MYRRHINE

Pas question, à moins que tu ne sois tirée au sort.

Les femmes se regroupent autour de la coupe. Lysistrata les calme.

LYSISTRATA

Mettez toutes la main sur la coupe. Une seule répétera, au nom de toutes, ce que je vais dire. (*Calonice s'avance.*) Vous prêterez serment après moi ; vous serez alors définitivement liées. (*Grandiloquente.*) « Nul, ni mari, ni amant...

CALONICE

« Nul, ni mari, ni amant...

LYSISTRATA

« Ne m'approchera en érection. » Répète.

CALONICE

« Ne m'approchera en érection. » Ah ! Je me sens défaillir, Lysistrata !

LYSISTRATA

« Je passerai ma vie à la maison, sans homme...

CALONICE

« Je passerai ma vie à la maison, sans homme...

LYSISTRATA

« M'étant faite belle, dans ma petite robe jaune...

CALONICE

« M'étant faite belle, dans ma petite robe jaune...

LYSISTRATA

« Pour chauffer au maximum mon mari...

CALONICE

« Pour chauffer au maximum mon mari...

LYSISTRATA

« Mais à mon mari jamais ne je céderai de plein gré...

CALONICE

« Mais à mon mari jamais ne je céderai de plein gré...

LYSISTRATA

« Et s'il me prend de force malgré moi...

CALONICE

« Et s'il me prend de force malgré moi...

LYSISTRATA

« Je ferai ça mal, sans bouger...

CALONICE

« Je ferai ça mal, sans bouger...

LYSISTRATA

« Je ne lèverai pas mes jambes au plafond...

CALONICE

« Je ne lèverai pas mes jambes au plafond...

LYSISTRATA

« Je ne ferai pas la position de la lionne sur une râpe à fromage...

CALONICE

« Je ne ferai pas la position de la lionne sur une râpe à fromage...

LYSISTRATA

« Que ce vin soit pour moi si je tiens mon serment...

CALONICE

« Que ce vin soit pour moi si je tiens mon serment...

LYSISTRATA

« Que cette coupe se remplisse d'eau si je l'enfreins. »

CALONICE

« Que cette coupe se remplisse d'eau si je l'enfreins. »

LYSISTRATA, *aux autres femmes*

Vous êtes toutes prêtes à jurer ?

TOUTES, *sans enthousiasme*

Oui.

LYSISTRATA

Alors je bois.

CALONICE

Hé ! ta part seulement, qu'on puisse jurer, nous aussi...

Au loin, des cris.

LAMPITO

C'est quoi ce totu-bohu ?

LYSISTRATA, *ravie*

Je vous l'avais dit ! Ce sont les femmes qui viennent de prendre l'Acropole ! Allez Lampito, retourne chez toi faire ce que tu as à faire. (*Montrant un groupe de Spartiates.*) On garde tes copines en otage.

Lampito sort.

LYSISTRATA

Allons rejoindre les autres à l'Acropole ; on va les aider à se barricader.

MYRRHINE

Tu ne penses pas que les hommes vont arriver dans la seconde et nous jeter dehors ?

LYSISTRATA

Ça ne m'inquiète pas vraiment. Ce ne sont ni leurs menaces, ni leurs ardeurs qui nous feront ouvrir les portes de l'Acropole, si ce n'est à nos conditions.

CALONICE

Ah ça non ! Ou alors, à quoi bon notre réputation d'insupportables têtes de mules ?

Les femmes entrent dans l'Acropole.

Au bas de l'Acropole[1]. *Le chœur des vieillards athéniens marche vers les portes, avec à sa tête Strymodore.*

STRYMODORE

Je sais que ces rondins d'olivier te font mal à l'épaule, mais avance, Prunelle, avance ! On te suit.

PREMIER DEMI-CHŒUR DES VIEILLARDS[2]

Le cours d'une longue vie réserve bien des surprises !
Ah, qui aurait pu croire qu'un jour
des femmes – ces pestes que nous avons nourries dans nos maisons –
détiendraient la statue d'Athéna,
seraient maîtresses de l'Acropole,
et qui plus est, au moyen de verrous et de pieux,
en fermeraient les neuf portes ?

STRYMODORE

Allons, dépêchons-nous ! Vite, Lebosseur, à l'Acropole ! On va mettre ces bouts de bois tout

1. L'Acropole (littéralement *la ville haute*) est la citadelle d'Athènes, devenue sous Périclès un sanctuaire à la gloire d'Athéna, déesse protectrice de la cité. L'Acropole est un ensemble monumental qui renferme le Parthénon, les Propylées, plusieurs statues d'Athéna, etc.
2. Le chœur se composait de vingt-quatre membres, les choreutes, menés par le coryphée. Fait exceptionnel, dans *Lysistrata*, le chœur est divisé en un chœur d'hommes et un chœur de femmes.

autour, on va faire un bûcher et on va les brûler de nos propres mains, ces criminelles !

SECOND DEMI-CHŒUR DES VIEILLARDS

Non, tudieu ! Tant que je vivrai, elles ne nous riront pas au nez !
Même le roi de Sparte, qui avait pris l'Acropole,
ne s'en est pas tiré indemne : tout Spartiate qu'il était,
il ne partit qu'après avoir rendu les armes,
tout couvert de crasse, tout velu sous son petit manteau,
depuis six ans qu'il n'avait pas pris un bain !

STRYMODORE

Ah ! Ce roi-là, je l'ai assiégé sans relâche : il y avait dix-sept rangées de soldats devant les portes, et on dormait là. Alors ces femmes qu'exècrent les dieux (et Euripide), on voudrait me faire croire que je ne suis pas capable de les foutre dehors ? Plutôt renoncer à toutes mes médailles !

PREMIER DEMI-CHŒUR DES VIEILLARDS

Il reste encore à monter ce chemin escarpé
pour arriver à l'Acropole.
Ah, que j'ai hâte d'arriver !
Mais comment donc trimballer tout ça
alors qu'on n'a pas d'âne ?
Pour ce qui me concerne, j'ai l'épaule écrabouillée par ces deux bûches !
Mais il nous faut marcher,

et souffler sur nos braises,
pour éviter qu'elles ne s'éteignent avant qu'on arrive.
Pffh, pffh !
Oh là là, quelle fumée !

SECOND DEMI-CHŒUR DES VIEILLARDS

C'est terrible ! Le feu jaillit du chaudron,
et il me mord les yeux comme un chien enragé !
Ce feu-là, c'est un feu de dieu :
sinon il ne croquerait pas à grandes dents mes croûtes d'yeux !
Allez, courons vers la citadelle
et sauvons la déesse.
C'est le moment ou jamais !
Pffh, pffh !
Oh là là, quelle fumée !

Les vieillards arrivent devant les portes de l'Acropole.

STRYMODORE

Ah ! Le feu a repris ; il brûle bien. Bon, on dépose nos bûches ici, on allume la torche avec le feu du chaudron, et on fonce sur la porte comme des béliers. Là, si les femmes n'ouvrent pas les verrous malgré nos sommations, on mettra le feu aux portes et on les réduira en cendres. (*Les vieillards acquiescent.*) Posons ça. Ah, quelle fumée ! Oh là là, je suis crevé. N'y a-t-il donc personne pour nous donner un coup de main ? Où sont-ils, les hommes politiques toujours prêts à aider le peuple ? (*Ils finissent de poser leurs bûches.*) Enfin ! Ça fait du bien de ne plus avoir le dos en mille morceaux. (*Il plonge la torche dans le chaudron.*) Et maintenant c'est à toi, cher chaudron, de raviver ta braise pour allumer ma torche. (*Grandiloquent.*) Ô déesse de la Victoire, sois des nôtres ! Fais que l'on vienne à bout de l'insolence des femmes ! Et que l'on dresse un trophée !

Le chœur des vieilles femmes athéniennes entre, avec à sa tête Sratyllis. Elles portent des cruches sur la tête.

STRATYLLIS

On dirait de la fumée et des flammes, là-bas, comme s'il y avait le feu. Dépêchons-nous ! Plus vite que ça !

PREMIER DEMI-CHŒUR DES VIEILLES FEMMES

Cours, vole, Victoire,
avant que ne soient brûlées
Anabelle et Justine
Dans le feu attisé
par ce vent terrible
et par ces maudits vieillards.
Mais j'ai peur : arriverai-je à temps pour les sauver ?
Car à l'aube grise j'ai eu bien du mal
à remplir ma cruche à la fontaine.
Au milieu de la cohue, du tumulte,
et du tintamarre des marmites,
bousculée par les servantes et les esclaves,
j'ai puisé mon eau à la hâte :
je l'apporte enfin pour secourir
mes concitoyennes que l'on brûle.

SECOND DEMI-CHŒUR DES VIEILLES FEMMES

Il paraît qu'une bande de vieillards fumeux
se traîne vers l'Acropole
– et vers leur perte –
Ils portent des bûches de trois tonnes,
comme s'ils allaient se faire chauffer un bain.
Ils profèrent de terribles menaces,
du genre : « Il faut faire griller ces abominables femmes ! »
Ô déesse, puissé-je ne jamais voir des femmes être la proie des flammes :
qu'elles sauvent plutôt la Grèce et mes compatriotes de la guerre et des folies.
C'est pour cela, déesse au casque d'or,
protectrice de notre cité,
qu'elles ont occupé ta demeure.
Sois notre alliée, Athéna :
chaque fois qu'un homme allume un feu,
aide-nous à y jeter de l'eau.

STRATYLLIS

Attendez... (*Elle s'interrompt à la vue des vieillards qui allument leurs torches.*) Oh ! Qu'est-ce que c'est que ça ? Bande de brutes abruties ! Il faut vraiment être pervers pour faire une chose pareille !

Les vieillards tentent de mettre le feu aux portes de l'Acropole. Les vieilles femmes, autour de Stratyllis, leur bloquent le passage.

STRYMODORE

Voilà un spectacle bien surprenant qui déboule : un troupeau de femmes qui viennent aider celles qui sont là-dedans.

STRATYLLIS, *aux vieillards*

Vous pétez de pétoche devant nous ? Vous trouvez qu'on est beaucoup, hein ? Eh bien vous n'en voyez même pas le dix millième !

STRYMODORE, *à l'un de ses hommes*

Hé, Joyeux, on ne va pas les laisser déblatérer comme ça, quand même ! Elles méritent une bonne volée de bois vert, celles-là !

STRATYLLIS, *aux femmes*

Posons nos cruches par terre pour ne pas être gênées s'ils nous attaquent.

STRYMODORE

Mon Dieu ! Si elles s'étaient pris deux ou trois coups de poing dans les dents, comme dit le poète[1], elles la fermeraient définitivement.

STRATYLLIS, *s'approchant*

Allez, vas-y : frappe ! J'encaisserai sans broncher. Mais si un jour tu sens une chienne qui te mord les couilles, ça risque d'être moi.

1. Le texte fait référence à une bagarre devenue proverbiale entre Boupalos, sculpteur du VIe siècle av. J.-C., et son ennemi intime, le poète Hipponax.

STRYMODORE

Si tu ne te tais pas, j'arrache ta peau fripée à coups de bâtons !

STRATYLLIS

Vas-y, approche, essaie donc de poser un seul doigt sur moi !

STRYMODORE

Et quant je t'aurai réduite en cendres à force de coups de poing, dis-moi un peu ce que tu pourras me faire de si terrible ?

STRATYLLIS

Te déchiqueter les poumons et les tripes.

STRYMODORE, *grandiloquent, se reculant*

Euripide avait bien raison : aucune créature au monde n'est plus effrontée qu'une femme.

STRATYLLIS

Reprenons nos cruches, Philippine !

STRYMODORE

Qu'est-ce que tu fais là avec cette eau, satanée bonne femme ?

STRATYLLIS

Et toi, qu'est-ce que tu fais là avec ce feu, vieux croque-mort ? C'est pour t'immoler ?

STRYMODORE

Moi ? C'est pour mettre le feu au bûcher qu'on a préparé pour tes copines !

STRATYLLIS

Eh bien moi, c'est pour éteindre ton feu.

STRYMODORE

Toi ? Toi, tu vas éteindre mon feu ?

STRATYLLIS

Tu vas vite t'en rendre compte.

STRYMODORE

Je ne sais pas ce qui me retient de te faire frire avec ma torche !

Durant tout leur échange, ils se poursuivent.

STRATYLLIS

Si par hasard tu as du savon sur toi, je peux t'offrir une bonne douche.

STRYMODORE

Une douche ? À moi, vieille peau ?

STRATYLLIS

Oui, et même une douche en amoureux, si tu veux.

STRYMODORE, *à l'un des vieillards*

Tu entends comme elle est insolente ?

STRATYLLIS, *grandiloquente*

Je suis une femme libre !

STRYMODORE

Je vais clouer ton grand bec !

STRATYLLIS, *ironique*

Tu te crois au tribunal, peut-être ?

STRYMODORE, *à sa torche*

Mets le feu à ses cheveux !

STRATYLLIS, *à sa cruche*

Allez, fleuves du monde, au boulot !

Elle lui verse de l'eau sur la tête.

STRYMODORE

Aïe ! Aïe, mais aïe !

STRATYLLIS

C'était assez chaud ?

STRYMODORE

Comment ça, chaud ? (*Elle l'arrose à nouveau.*)

Arrête, à la fin ! (*Elle l'arrose encore.*) Mais tu joues à quoi ?

STRATYLLIS

Je t'arrose pour que tu verdisses.

STRYMODORE

Ça ne sert plus à rien : je suis trop sec. Et maintenant me voilà tout tremblant.

STRATYLLIS

Tu as du feu, non ? Tu n'as qu'à te réchauffer tout seul.

Devant les portes de l'Acropole. Arrivée du ministre[1], *entouré de quatre gardes qui tiennent des pieux.*

LE MINISTRE

Une fois de plus, c'est flagrant : les femmes sont des dépravées. Ce tintamarre, ces cris (*prenant une voix de femme*) : « Adonis ! Adonis », ces orgies sur les toits en l'honneur d'Adonis[2]... Ça me rappelle ce qui s'est passé l'autre jour à l'Assemblée : à la tribune, ce maudit Vatenguerre[3] défendait son projet d'expédition contre la Sicile, et, pendant ce temps-là, sa femme dansait et chantait (*même jeu*) : « Aïe-aïe-aïe, Adonis ! » Cet imbécile de Vatenguerre proposait d'enrôler des soldats de la province, et sa femme, à moitié ivre, qui hurlait sur le toit (*même*

1. Une commission spéciale de dix membres, les *probouloi* [traduit ici par « ministres »], a été créée à Athènes après le désastre de l'expédition de Sicile (413 av. J.-C.) ; elle est chargée du redressement de la cité.
2. Les Adonies sont des fêtes d'origine orientale en l'honneur de la mort d'Adonis, jeune amant d'Aphrodite, dieu de la végétation symbolisant le plaisir éphémère. Les femmes célébraient entre elles et en privé cette fête synonyme d'ivresse, de parfums et de débauche.
3. Nous traduisons par « Vatenguerre » le nom *Cholozygès*, « joug-de-fiel », jeu de mots sur le surnom de Démostratos, *Bouzygès*, « joug-de-bœuf ». C'est Démostratos qui, en 413, décida l'expédition de Sicile, à laquelle était opposé Aristophane, et qui s'avéra désastreuse pour Athènes. La coïncidence des fêtes d'Adonis et de ce choix stratégique est bien réelle (Thucydide, VI) : elle fut interprétée comme un mauvais présage.

jeu) : « Adonis ! aïe-aïe-aïe, Adonis ! »... et ce satané Vatenbraire qui continuait à tonitruer... (*Un temps.*) Voilà comme elles sont : intenables.

STRYMODORE

Je n'ose pas imaginer ce que tu dirais si tu savais à quel point celles-ci sont hystériques. Entre autres délires, elles nous ont fait prendre une douche. Résultat : on n'a plus qu'à essorer nos habits, comme si on avait pissé dedans.

LE MINISTRE

Par le dieu des Mers ! Pas étonnant que de pareilles idées leur montent à la tête : on est les premiers à leur apprendre la débauche et à jouer de leur perversité. On va chez le bijoutier et on lui dit : « Tu sais, bijoutier, le collier de ma femme que tu avais réparé ; eh bien, hier, en gigotant, elle l'a cassé : elle a fait tomber le gland du trou. Moi, là, je dois aller à Salamine, mais toi, si tu as un peu de temps, fais donc un saut ce soir, pour lui remettre le gland dans le trou. » Ou alors on va chez le cordonnier (il est tout jeune mais il a déjà un sexe d'adulte), et on lui dit : « Tu sais, cordonnier, la sandale de ma femme ; eh bien, la lanière lui fait un peu mal à son petit doigt de pied tout fragile. Passe donc à l'heure de la sieste, et manipule-la un peu, pour qu'elle s'élargisse. » Pas étonnant, ensuite, si ça nous retombe dessus. (*À Strymodore.*) Nous voilà bien. En bon ministre, je m'étais débrouillé pour faire reconstruire la flotte de guerre ; et maintenant qu'on doit la payer, les femmes bloquent les portes de l'argent public. Mais ne restons pas plantés là. (*À un des gardes.*) Apporte les leviers, qu'on en finisse avec ces hystériques. (*Il se tourne vers les gardes, qui regardent au loin. À l'un d'entre eux.*) Ferme la bouche, imbécile ! Et toi, qu'est-ce que tu regardes comme ça ? Tu surveilles le bistrot ? Allez, glissez les bras de leviers sous les portes, par ici. Moi je me mets là, pour vous aider à faire sauter les verrous.

Lysistrata sort de l'Acropole.

LYSISTRATA

Pas besoin de tout faire sauter, me voilà : je sors. Pourquoi ces leviers ? Ce n'est pas des leviers qu'il faut, c'est de la réflexion et du bon sens.

LE MINISTRE

Vraiment, salope ? Gardes ! Où sont les gardes ? (*Aucun ne s'avance. Il se retourne et en désigne un.*) Toi, arrête-la et attache-lui les mains dans le dos !

LYSISTRATA

Qu'il me touche seulement d'un doigt et il va pleurer, tout flic qu'il est ! (*Le garde recule.*)

LE MINISTRE

Quoi, tu as peur ? Ceinture-la tout de suite ! (*À un autre garde.*) Et toi, aide-le ! Ligotez-la, qu'on en finisse.

Le deuxième garde s'approche de Lysistrata.

CALONICE, *sortant de l'Acropole, s'approchant du deuxième garde*

Si tu la touches, je te piétine à t'en faire cracher les boyaux !

LE MINISTRE

Voyez-vous ça (*l'imitant*) : « À t'en faire cracher les boyaux ! » Gardes ! Où sont les gardes ? (*Le troisième garde s'avance, sans enthousiasme.*) Ligote-moi d'abord celle-ci, puisqu'elle jacasse encore plus que l'autre.

MYRRHINE, *sortant à son tour de l'Acropole, s'approchant du troisième garde*

Si tu approches seulement le bout des doigts, tu vas mouiller ton pantalon.

LE MINISTRE

Qu'est-ce que ça veut dire ? Gardes ! Où sont les gardes ? (*Le quatrième garde s'avance timidement.*) Attrape-moi celle-là ! (*Aux femmes.*) Je ne vous laisserai pas partir comme ça.

STRATYLLIS, *au quatrième garde*

Si tu la touches, je t'arrache les cheveux que tu n'as plus.

Le garde recule.

LE MINISTRE

Par tous les diables, je n'ai plus de gardes ! C'est pas grave. On ne se laissera pas faire par des femmes ! Gardes ! Marchons en rangs serrés. Tous ensemble, contre elles.

Les quatre gardes et le ministre se mettent en place.

LYSISTRATA

Si vous le prenez comme ça, vous allez vite vous rendre compte que nous avons là-dedans, nous aussi, quatre bataillons de femmes armées jusqu'aux dents et prêtes à en découdre.

LE MINISTRE

Gardes ! Attachez-leur les mains dans le dos !

Les gardes se jettent sur les femmes.

LYSISTRATA

Vite, venez vite, mes alliées ! Marchandes-au-marché-de-graines-de-légumes-de-purée ! Marchandes-d'ail-aubergistes-boulangères ! Agrippez-les, frappez-les, assommez-les, injuriez-les, faites-vous plaisir !

Des femmes sortent de l'Acropole et s'attaquent aux gardes, qui s'enfuient. Les femmes les poursuivent.

LYSISTRATA

Stop ! Revenez ! Nous, les femmes, on ne dépouille pas nos ennemis.

Elles reviennent.

LE MINISTRE

Ah là là ! Mes pauvres gardes ! Quelle catastrophe !

LYSISTRATA

Qu'est-ce que tu croyais ? Tu pensais avoir affaire à des esclaves ? Ou tu crois peut-être qu'on n'a rien dans le ventre ?

LE MINISTRE

Vous en avez plutôt de trop, dans le ventre – surtout quand il y a un resto dans le coin !

STRYMODORE

N'insistez pas, Monsieur le ministre. Pourquoi discuter avec ces bêtes sauvages ? Vous ne savez donc pas que, tout à l'heure, elles nous ont douchés, tout habillés et sans savon ?

STRATYLLIS

Ah, mon cher, c'est qu'il ne faut pas porter la main sur son prochain à la légère. Si tu le fais, tu te prends un coup de poing dans l'œil : c'est fatal. Après tout, moi, je ne demande pas mieux que de me tenir sagement, comme une jeune fille, sans embêter personne, sans remuer le moindre petit doigt. Mais il ne faut pas venir se fourrer dans le guêpier en touchant à mon miel.

PREMIER DEMI-CHŒUR DES VIEILLARDS

Mon Dieu ! Qu'allons-nous bien pouvoir faire
avec ces tigresses ?
Leur comportement est intolérable !
Analysons tous ensemble les faits :
dans quel but se sont-elles emparées
de la citadelle d'Athènes ?
L'immense roc, l'inaccessible Acropole,
l'enceinte sacrée : dans quel but ?

STRYMODORE, *au ministre*

Allez-y, Monsieur le ministre. Interrogez-les sans vous faire manipuler, et allez bien jusqu'au bout. Baisser les bras devant ce scandale serait une honte !

LE MINISTRE

Alors voilà. La première chose qu'il faut absolument que je sache, c'est (*à Lysistrata*) : dans quel but avez-vous barricadé notre citadelle ?

LYSISTRATA

Pour mettre l'argent public[1] à l'abri, et que ça vous empêche de faire la guerre.

1. Le trésor public était conservé à l'Acropole.

LE MINISTRE

Parce que c'est à cause de l'argent qu'on fait la guerre ?

LYSISTRATA

Oui. D'ailleurs, toutes les emmerdes viennent de là. C'est bien pour arriver au pouvoir et voler l'argent que Pisandre le Comploteur[1], et les politiciens en général, font des putschs. Maintenant, ils peuvent bien faire ce qu'ils veulent (*montrant l'Acropole*) : l'argent qui est là, il n'y a plus aucun risque qu'ils l'embarquent.

LE MINISTRE

Et que vas-tu en faire ?

LYSISTRATA

Quelle question ! Nous allons le gérer.

LE MINISTRE, *stupéfait*

C'est vous qui allez gérer l'argent ?

LYSISTRATA

Ça te paraît incroyable ? À la maison, on gère bien votre argent jusqu'au dernier centime, non ?

1. Les menées de Pisandre aboutissent en effet, en 411, à l'établissement du régime oligarchique des Quatre Cents.

Le Ministre

Ça n'a rien à voir.

Lysistrata

Comment ça, ça n'a rien à voir ?

Le Ministre

Cet argent, il est pour la guerre.

Lysistrata

Justement, il n'y a aucune raison de faire la guerre.

Le Ministre

Et comment va-t-on sauver le pays, alors ?

Lysistrata

C'est nous qui le sauverons.

Le Ministre

Vous ?

Lysistrata

Eh oui : nous.

Le Ministre

Catastrophe !

LYSISTRATA

Et on te sauvera toi aussi, que tu le veuilles ou non.

LE MINISTRE, *en aparté*

Elle est terrible !

LYSISTRATA

Ça ne te convient pas ? C'est pourtant ce qui va se passer.

LE MINISTRE

Mais c'est absurde !

LYSISTRATA

On va te sauver, mon ami.

LE MINISTRE

Malgré moi ?

LYSISTRATA

Encore plus que tu ne l'imagines.

LE MINISTRE, *après mûre réflexion*

Mais qu'est-ce qui vous prend de vous mêler de la guerre et de la paix ?

LYSISTRATA, *éludant*

Nous le dirons.

LE MINISTRE, *levant la main sur elle*

Parle tout de suite si tu ne veux pas en prendre une !

LYSISTRATA

Écoute-moi, et tâche de contrôler ta main.

LE MINISTRE

Je ne peux pas. Je suis tellement énervé que je n'arrive pas à la retenir.

CALONICE, *s'avançant*

Dans ce cas-là, c'est toi qui vas en prendre une !

LE MINISTRE

Toi, ma vieille, retourne jacasser dans ton coin. (*À Lysistrata.*) Et toi, parle !

LYSISTRATA

C'est ce que je vais faire. (*Un temps.*) Au début de la guerre, avec notre bon sens habituel, on a pris sur nous. Quoi que vous fassiez. De toute façon, on n'avait pas le droit de dire le quart du début d'un mot. Bien sûr, ça ne nous plaisait pas. D'ailleurs on n'était pas dupes : combien de fois, à la maison, on a compris que vous aviez pris des décisions désastreuses... Alors on souffrait en silence, et on vous demandait avec un sourire : « Quelles décisions avez-vous prises pour la paix, aujourd'hui, à l'Assemblée ? – Qu'est-ce que ça peut te faire ? disait le mari. Tais-toi ! » Et je me taisais.

CALONICE

Ah, mais moi, je ne me taisais jamais !

LE MINISTRE, *menaçant*

Oui, mais si tu ne te taisais pas...

LYSISTRATA

C'est bien pour ça que moi, je me taisais. (*Elle reprend.*) Et lorsqu'on apprenait que vous aviez pris une nouvelle décision, encore plus catastrophique, on demandait : « Comment pouvez-vous, chéri, agir avec tant de bêtise ? » Et il me regardait de travers, et il me répondait : « Retourne à ta couture, ou tu vas en prendre pour ton grade. *La guerre est une affaire d'hommes*[1]. »

LE MINISTRE

Il avait bien raison celui-là, tiens.

LYSISTRATA

Raison ? Comment ça, raison, imbécile ? Vous preniez des décisions désastreuses et il n'aurait fallu faire aucune remarque ? (*Se reprenant.*) Le jour où on vous a entendus dire en pleine rue : « N'y a-t-il plus un seul homme dans le pays ? – Non, plus un

1. Vers d'Homère (Hector à Andromaque, *Iliade*, VI, 492).

seul », on a décidé de sauver la Grèce. Toutes ensemble, d'un commun accord. Pourquoi aurions-nous attendu plus longtemps ? (*Un temps.*) À votre tour d'écouter nos conseils et de vous taire, comme nous auparavant. Nous allons vous remettre sur le droit chemin.

LE MINISTRE

Vous ?... Nous ?... Quelle horreur ! C'en est trop.

LYSISTRATA

Tais-toi !

LE MINISTRE

Moi ? Me taire devant toi, sale peste ! Alors que tu portes un voile sur la tête ? Plutôt crever.

LYSISTRATA

Eh bien, si c'est mon voile qui te gêne, tiens, prends-le, mets-le sur ta tête et tais-toi !

Elle lui enroule le voile autour du visage. Calonice lui tend un petit panier à couture.

CALONICE

Prends aussi ce petit panier...

LYSISTRATA

... mets bien ta robe, et fais ta couture en grignotant des fèves. « La guerre est une affaire de femmes. »

Pendant qu'elles essaient de déguiser en femme le ministre qui se débat, les vieilles femmes s'avancent.

STRATYLLIS

Posez vos cruches, les amies. Allons prêter main-forte à nos camarades !

SECOND DEMI-CHŒUR DES VIEILLES FEMMES

Jamais, jamais je ne me lasserai de danser,
jamais mes jambes ne fléchiront sous la fatigue
et l'épuisement.
Je suis prête à tout, à me battre avec elles.
Elles qui ont tant de qualités :
elles ont le talent, elles ont la grâce, elles ont l'audace,
et elles sont sages.
Et elles sont patriotes – tout en sachant rester
raisonnables.

STRATYLLIS

Foncez, grands-mères qui piquent, foncez ! Faites-vous porter par le vent !

Les vieilles femmes aident Lysistrata et Calonice à poursuivre le ministre. Jeu de scène. Les vieilles femmes repartent. La discussion reprend.

LYSISTRATA, *grandiloquente*

Si Éros et ses mots doux, si Aphrodite au septième ciel insufflent du désir à nos seins et à nos cuisses, et provoquent chez les hommes des raideurs délicieuses, dures comme des bâtons, un jour viendra où la Grèce nous appellera mesdames Armistice !

LE MINISTRE

Et pourquoi donc, s'il te plaît ?

LYSISTRATA

Pour avoir mis fin à la folie des hommes et à leur habitude de se promener dans les rues en armes.

CALONICE

Ça c'est vrai ! En ce moment, on n'arrête pas d'en voir, au marché aux légumes, au marché aux marmites, qui font les cent pas avec leurs armes, comme des détraqués[1].

LE MINISTRE

Bien sûr : c'est le devoir des braves !

LYSISTRATA

N'empêche que c'est ridicule de voir un homme acheter du poisson avec son bouclier à la main.

CALONICE

Moi j'ai vu un chef d'escadron, à cheval, mettre la purée qu'il venait d'acheter à une vieille dans son casque. Et un autre, un mercenaire armé jusqu'aux

1. Le terme grec employé est celui de « Corybantes » ; il désigne les adeptes d'une religion extatique, et par extension tout homme ivre ou en délire.

dents, secouer son javelot pour effrayer une vendeuse de figues et mordre dans ses beaux fruits...

LE MINISTRE

Mais dites-moi, comment allez-vous mettre fin au désordre dans ce pays ?

LYSISTRATA

Très simplement.

LE MINISTRE

Comment ? Vas-y, explique.

Lysistrata attrape une pelote dans le panier à couture. Elle mime.

LYSISTRATA

C'est comme avec une pelote : lorsqu'elle est emmêlée, on la prend comme ça, et on la démêle, un coup par-ci, un coup par-là. On fera pareil avec la guerre : si on nous laisse faire, on la démêlera en envoyant des ambassades, un coup par-ci, un coup par-là.

LE MINISTRE

Alors comme ça, c'est avec une pelote de laine que vous pensez mettre fin à cette situation tragique. Ce que vous pouvez être stupides !

LYSISTRATA

C'est ça, c'est ça. Et vous, si vous étiez moins stupides, vous vous inspireriez de nos pelotes de laine pour gouverner.

LE MINISTRE

Dis-moi un peu comment.

LYSISTRATA

Comme on fait pour la laine brute. Il faudrait donner un bain, à Athènes, pour éliminer sa graisse, puis l'étendre et la frapper pour trier les poils durs et de mauvaise qualité, notamment ceux qui s'agglutinent en petits groupes au sommet : ceux-là, il faudrait les arracher, qu'on ne voie plus leur tête. Il faudrait ensuite mélanger dans une petite corbeille toute la bonne volonté générale, en y faisant entrer les résidents étrangers, nos alliés des autres pays, et même ceux qui fraudent le fisc. Quant aux villes peuplées de colons athéniens, il faudrait reconnaître qu'elles sont des brins de laine tombés à terre chacun de son côté, et les ramasser, les amener ici, les réunir en un seul tas. Avec tout ça, il faudrait faire une énorme pelote de laine, et tisser un manteau pour le peuple[1].

1. Ce passage est sans doute une parodie du parallèle établi par Platon entre la politique et l'art du tissage, notamment in *Politique*, 279 b et 308 d-e.

LE MINISTRE

C'est quand même incroyable qu'elles parlent pelotes de laine et petites corbeilles, elles qui ne connaissent rien à la guerre.

LYSISTRATA

Mais enfin, crétin, la guerre, nous, on la supporte plus de deux fois plus. D'abord en tant que mères des soldats envoyés au front...

LE MINISTRE, *soudain ému*

Ah, tais-toi, ne remue pas le couteau dans la plaie.

LYSISTRATA

... ensuite en tant que femmes : au moment où on devrait profiter de notre jeunesse et des plaisirs, on dort toutes seules à cause de vos expéditions ! Pour nous, passe encore, mais pour les jeunes filles qui vieillissent dans leurs chambres, c'est désolant.

LE MINISTRE

Et les hommes, ils ne vieillissent pas ?

LYSISTRATA

Mais mon Dieu, ce n'est pas la même chose ! Un homme, même un peu grisonnant, a vite fait d'épouser une gamine à son retour. Tandis qu'une femme, si elle rate le coche, personne ne veut plus l'épouser ; et elle reste assise là, à consulter les oracles.

LE MINISTRE

Mais tout homme capable de bander...

LYSISTRATA

D'ailleurs, toi, qu'est-ce qui te prend de ne pas mourir ? Il reste de la place ! Achète-toi un cercueil, moi je vais préparer un gâteau de miel pour ton enterrement. (*Elle lui tend des fleurs.*) Prends ça et fais-t'en une couronne.

CALONICE, *lui mettant des rubans sur le corps*

Et ça, c'est de ma part.

MYRRHINE, *lui donnant une guirlande*

Et puis, tiens, une couronne.

LYSISTRATA

Il te manque quelque chose ? Une dernière volonté ? Monte dans la barque : Charon, le passeur des Enfers, t'appelle. Tu le mets en retard.

LE MINISTRE

Quel scandale ! Se faire traiter comme ça ! Il faut tout de suite que j'aille montrer aux autres ministres dans quel état elles m'ont mis.

Le ministre sort.

LYSISTRATA, *ironique*

Quoi ? Tu nous reproches de ne pas nous être

occupées de ton cadavre ? Ne t'inquiète pas : après-demain, à l'aube, on te fera les offrandes du troisième jour en bonne et due forme.

Lysistrata et ses amies rentrent dans l'Acropole.

STRYMODORE

Ce n'est pas le moment de dormir, les gars. En garde ! On va régler cette affaire.

PREMIER DEMI-CHŒUR DES VIEILLARDS

Cela commence à sentir le soufre,
me semble-t-il :
je renifle même un nouveau coup d'État.[1]
Et je crains fort que des Spartiates
ne se soient réunis ici chez le Comploteur,
et n'aient sournoisement manipulé ces maudites femmes
pour qu'elles s'emparent de notre argent –
et notamment de mon salaire, qui me faisait vivre, moi !

STRYMODORE

Des femmes ! C'est vraiment un comble ! Elles nous font la leçon, elles bavardent boucliers de bronze, elles veulent nous réconcilier avec les Spartiates, à qui on peut faire autant confiance qu'à un loup la gueule grande ouverte ! Tout ça, les gars, je vous le dis, c'est une machination, c'est un coup d'État qui se prépare pour rétablir la tyrannie. Mais

1. Autre leitmotiv d'Aristophane, la dénonciation des complots visant à rétablir la tyrannie, régime qui a eu cours à Athènes au VIe siècle (tyrannie de Pisistrate, puis de ses fils Hipparque et Hippias).

moi, elles ne me tyranniseront pas : je serai sur mes gardes. Je serai comme la statue d'Aristogiton le tyrannicide : sur l'Agora, en armes, comme ça. (*Il mime la statue, le poing levé.*) Justement, j'ai bien envie de démolir la mâchoire de cette satanée vieille. (*Il désigne Stratyllis.*)

STRATYLLIS

Si tu fais ça, quand tu rentreras à la maison, ta propre mère ne te reconnaîtra pas ! (*Aux vieilles femmes.*) Allez, mes vieilles cocottes, posons ça (*Elles enlèvent leurs manteaux.*)

SECOND DEMI-CHŒUR DES VIEILLES FEMMES

Avis à la population ! Nous allons faire un discours qui va servir Athènes.
Et c'est tout naturel, puisque c'est elle qui m'a nourrie dans le luxe et la splendeur.
Dès l'âge de sept ans, j'ai été consacrée à la déesse Athéna.
À dix ans, j'ai préparé les gâteaux sacrés en son honneur,
puis j'ai mis ma première robe pour servir la déesse Artémis.
Enfin, devenue une belle jeune fille, j'ai porté la corbeille sacrée,
parée d'un collier de figues sèches.

STRATYLLIS

C'est pourquoi il est de mon devoir de donner à Athènes de bons conseils. Oui, je suis une femme, et alors ? Ne refusez pas pour autant mes propositions : elles sont meilleures que ce qui se fait pour l'instant. D'ailleurs, moi aussi je paie mon tribut : je fournis les hommes. (*Aux vieillards.*) Alors que vous, vieillards minables, vous ne contribuez à rien : le trésor gagné pendant les guerres Médiques, vous l'avez dilapidé, et, en plus, vous ne payez pas vos impôts. À cause de vous, nous risquons la ruine. Alors fermez-la. (*Elle menace Strymodore.*) Et toi, si tu continues à m'énerver, je te brise la mâchoire à coups de bottines.

PREMIER DEMI-CHŒUR DES VIEILLARDS

Et voilà, l'hystérie est à son comble !
Et j'ai le sentiment que ça va aller de mal en pis.
Pour mettre fin à tout cela, une seule solution : avoir des couilles.
Allez, enlevons notre manteau : un homme doit sentir l'homme,
il ne doit pas être empaqueté.
Allons-y, pieds nus,
nous qui avons fait la guerre il y a cent ans[1],
c'est maintenant, maintenant, qu'il nous faut rajeunir,
faire pousser des ailes à notre corps,
et secouer notre vieillesse.

1. Tout vieux qu'ils soient, les vieillards du chœur n'ont pu participer au siège de Lypsidrion auquel le texte fait référence. Au-delà de l'effet comique, le chœur représente la cité dans son ensemble et dans son histoire, sans souci de réalisme chronologique.

STRYMODORE

Dès qu'on offre prise aux femmes, elles s'agrippent aussitôt avec leurs mains toutes collantes. Elles seraient même prêtes à construire des bateaux pour pouvoir s'é... battre et tanguer sur nous. Et pour ce qui concerne l'équitation, impossible d'être à leur niveau : il n'y a pas meilleur qu'elles pour enfourcher et chevaucher la bête. Elles ne glissent jamais, même au galop. Regarde les Amazones que le peintre Micon[1] a dessinées, combattant des hommes à cheval. (*Un temps.*) Ah ! si on pouvait toutes les attraper et coincer leurs petits cous dans un gros carcan de bois !

Le chœur des vieillards s'approche de celui des vieilles femmes, très menaçant.

PREMIER DEMI-CHŒUR DES VIEILLES FEMMES

Par les deux déesses, si tu ravives ma colère,
la truie qui est en moi sortira
et te cognera tant et tant
que tu iras pleurnicher auprès de tes pairs.
Nous aussi, mes amies, déshabillons-nous, et vite,
qu'ils sentent bien l'odeur des femmes en colère,
prêtes à mordre. (Elles ôtent leurs habits.)
Allez, qu'il en vienne un, je lui ferai passer le goût
de l'ail et des fèves.

1. Micon, peintre de la première moitié du Ve siècle, avait réalisé une fresque représentant le combat de Thésée contre les Amazones, sur le mur du portique peint (*stoa poikilè*) d'Athènes.

Je suis tellement hors de moi que, si tu dis le moindre mot de travers,
je te briserai. Car il n'y a pas faible qui ne puisse un jour tenir sa revanche[1].

STRATYLLIS, *à Strymodore*

De toute façon, tant que ma petite Lampito et ma copine Ismène de Thèbes seront encore en vie, tu ne me feras pas peur. Quand bien même tu ferais voter sept décrets, tu n'auras jamais aucun pouvoir sur nous, mon pauvre. (*Exaspérée.*) Et puis tout le monde te déteste, même tes voisins. (*Se reprenant.*) Tu vois, hier, j'ai organisé une fête chez moi : j'avais invité une amie de mes enfants, la fille des voisins, une petite crevette de Béotie. Eh bien, elle n'a pas pu venir à cause de tes décrets. (*Elle soupire.*) De toute façon, vous ne cesserez jamais de faire ce genre de décrets, tant qu'on ne vous aura pas fait un croche-pied pour vous casser la tête.

1. Aristophane dit littéralement : « Je t'accoucherai comme le scarabée le fait à l'aigle qui a pondu », faisant référence à une fable d'Ésope. Dans la fable, le faible scarabée se venge de l'aigle toute-puissante, qui a tué son compère le lapin, en parvenant à casser par trois fois ses œufs.

Quelques jours plus tard, devant l'Acropole. Lysistrata sort, l'air soucieuse.

STRATYLLIS, *grandiloquente, à Lysistrata*

Majesté, toi qui inspires nos projets et nos actes, pourquoi sors-tu de là avec cet air si sombre[1] ?

LYSISTRATA

Ah, les femmes... Saletés de femmes... Elles ont l'esprit tellement mal tourné ! Je suis découragée... Et elles m'obligent à courir dans tous les sens...

STRATYLLIS, *fébrile*

Que dis-tu ? Que dis-tu ?

LYSISTRATA, *agacée, l'imitant*

La vérité ! La vérité !

STRATYLLIS

Que se passe-t-il de si terrible ? Dis-le à tes camarades.

LYSISTRATA, *grandiloquente*

C'est trop honteux à dire, mais aussi trop dur à taire[2].

1. Vers attribué à Euripide.
2. Là encore, Aristophane parodie le style des tragédies d'Euripide.

STRATYLLIS

Ne nous cache rien, dis-nous quel mal nous frappe.

LYSISTRATA

Pour faire bref : nous sommes atteintes de baisophilie.

STRATYLLIS, *bouleversée*

Ah ! Mon Dieu !

LYSISTRATA

Qu'est-ce qu'il a, Dieu ? C'est comme ça, c'est tout. (*Un temps.*) Je n'arrive plus à les garder loin de leurs maris : elles s'échappent. J'en ai surprise une, tout à l'heure, qui entrait dans un trou qu'elle élargissait de ses doigts... une autre qui se faisait lever par une poulie... une qui s'y prenait toute seule... une qui essayait de s'envoler au septième ciel pour atterrir chez Troupenrut... Celle-là, je l'ai retenue par les cheveux juste à temps. Elles empoignent n'importe quel prétexte pour rentrer chez elles. (*Une femme sort de l'Acropole.*) Tiens, justement, en voilà une qui arrive. Dis donc, toi, où cours-tu comme ça ?

PREMIÈRE FEMME

Je rentre à la maison. J'ai peur que mon manteau de fourrure soit mangé par les mites.

LYSISTRATA, *sèchement*

Par les mites ? Reviens immédiatement !

PREMIÈRE FEMME

Promis juré, je reviens tout de suite. Juste le temps de l'étendre sur le lit...

LYSISTRATA

Tu n'étends rien du tout sur le lit, et tu ne vas nulle part !

PREMIÈRE FEMME

Tu veux donc que je délaisse ma fourrure ?

LYSISTRATA

S'il le faut.

Une deuxième femme sort de l'Acropole.

DEUXIÈME FEMME

Catastrophe ! Catastrophe ! Le ménage n'est pas fait, il faut que je le mette en branle.

LYSISTRATA

En voilà une qui veut aller tout mettre en branle. Reviens ici tout de suite !

DEUXIÈME FEMME

Mais quand même !... Je secoue un peu tout, et je reviens.

LYSISTRATA

Tu ne secoues rien du tout. Parce que, si tu fais ça, une autre va vouloir faire pareil.

Une troisième femme sort de l'Acropole. Elle a un très gros ventre.

TROISIÈME FEMME

Ô Dieux, faites que je n'accouche pas tout de suite, laissez-moi le temps d'arriver là où il faut[1].

LYSISTRATA

Qu'est-ce que tu racontes ?

TROISIÈME FEMME

Je vais accoucher, là, tout de suite !

LYSISTRATA

Mais hier, tu n'étais pas enceinte !

TROISIÈME FEMME

Eh bien aujourd'hui, je le suis. Laisse-moi rentrer chez moi, Lysistrata, s'il te plaît ; il faut que je voie une sage-femme le plus vite possible.

LYSISTRATA

Mais qu'est-ce que tu dis encore ? (*Elle tâte le ventre de la femme.*) Pourquoi c'est si dur ?

1. L'Acropole est un lieu sacré : on ne peut y entrer qu'après s'être purifié, c'est-à-dire s'être lavé (notamment après des rapports sexuels) ; y accoucher serait un outrage.

TROISIÈME FEMME

C'est un petit garçon.

LYSISTRATA

Oh que non ! On dirait plutôt quelque chose en bronze. D'ailleurs, on va tout de suite savoir. (*Elle soulève la robe de la femme, et en sort un casque.*) Espèce de clown ! Aller voler un casque sacré... Et tu te prétendais enceinte !

TROISIÈME FEMME

Mais je suis enceinte !

LYSISTRATA

Alors pourquoi portes-tu ça ?

TROISIÈME FEMME

Comme ça, si les premières douleurs me prennent ici, dans l'Acropole, je me nicherai dans ce casque pour accoucher, comme une colombe.

LYSISTRATA

Qu'est-ce que tu racontes ? Tu dis n'importe quoi, ça saute aux yeux. (*Ironique.*) Bon, pendant qu'on prépare la fête pour la naissance de ton casque, il faut que tu te reposes. Ici.

TROISIÈME FEMME, *tentant le tout pour le tout*

Mais je n'arrive pas à fermer l'œil dans l'Acropole depuis que j'ai croisé le Serpent sacré qui garde les portes !

Une quatrième femme sort de l'Acropole.

QUATRIÈME FEMME

Moi, c'est encore pire : je vais finir par crever d'insomnie à cause des chouettes et de leur *hu-hu-hu-hu* !

LYSISTRATA

Ça suffit comme ça la mythomanie, diablesses ! Vous regrettez vos maris, un point c'est tout. (*À l'une d'entre elles.*) Mais nous, tu crois peut-être qu'ils ne nous regrettent pas, eux ? Je suis sûre que les nuits sont une souffrance terrible, pour eux... Tenez bon, mes amies, patientez encore un peu : un oracle nous promet la victoire si nous restons unies. Et cet oracle, le voici. (*Elle sort un papier.*)

TROISIÈME FEMME

Dis-nous, dis-nous : qu'est-ce qu'il dit ?

LYSISTRATA

Silence ! (*Elle lit.*) « Lorsque les chattes ensemble se blottiront, pour fuir le loup et se garder du bâton, c'en sera fini de leurs malheurs, et les dieux mettront tout sens dessus dessous... »

TROISIÈME FEMME

C'est nous qui serons dessus ?

LYSISTRATA, *imperturbable*

« ... mais que ces chattes se divisent et tentent de se faufiler hors du temple sacré, alors elles seront tenues pour les plus dépravées des bêtes. »

TROISIÈME FEMME

Par tous les dieux, on ne peut pas faire plus clair que cet oracle !

LYSISTRATA

Ce n'est donc pas le moment de faiblir dans cette dure épreuve. Allez, rentrons. Ce serait une honte de ne pas respecter l'oracle.

Elles rentrent toutes dans l'Acropole. Le chœur des vieillards s'avance.

PREMIER DEMI-CHŒUR DES VIEILLARDS

Je vais vous raconter une histoire
que j'ai moi-même entendue lorsque j'étais enfant.
Il était une fois un jeune homme,
un certain Mélanion, qui, fuyant le mariage,
s'en fut dans un désert.
Il habitait dans les montagnes,
chassant le lièvre à l'aide de pièges et de son chien.
Jamais plus il ne revint chez lui
tant il détestait, tant il haïssait les femmes.
Eh bien, nous qui sommes des sages,
nous, on est pareil.

UN VIEILLARD DU CHŒUR

Hé, la vieille ! Je voudrais te baiser.

UNE VIEILLE FEMME DU CHŒUR

Essaie un peu, et tu n'auras pas besoin d'oignon pour pleurer.

LE VIEILLARD DU CHŒUR

J'ai vraiment très envie... de te taper.

Il tente de la frapper. Elle se met derrière lui et soulève sa tunique.

LA VIEILLE FEMME DU CHŒUR

Oh le gros buisson que tu as là !

LE VIEILLARD DU CHŒUR

L'ambassadeur d'Athènes à Sparte était touffu de là, lui aussi. Un vrai poiluducul qui savait faire la guerre. Et aussi cet amiral...

SECOND DEMI-CHŒUR DES VIEILLES FEMMES

Moi aussi je vais vous raconter une histoire
en réponse à celle de Mélanion.
Il était une fois un certain Timon,
homme farouche, inabordable,
la figure couverte d'épines ;
un vrai fils de Gorgone.
Un jour ce Timon s'en fut, plein de haine,
en maudissant les hommes, ces salauds ;
voyez-vous, il vous haïssait, bande de salauds.
Mais les femmes, il les aimait bien.

UNE VIEILLE FEMME DU CHŒUR, *à un vieillard*

Je vais te casser la tête !

UN VIEILLARD DU CHŒUR

Non, non ! Au secours !

LA VIEILLE FEMME DU CHŒUR

Et si je te donnais un coup de pied ?

LE VIEILLARD DU CHŒUR

On verra ta chatte poilue !

LA VIEILLE FEMME DU CHŒUR

Tu n'y verras pas un poil. Toute vieille que je suis, je suis épilée de près.

L'Acropole. Lysistrata est à l'intérieur, en haut des remparts.

LYSISTRATA

Hé, hé, les filles, venez vite ! Vite, vite !

UNE FEMME

Qu'est-ce qui se passe ? Pourquoi tu cries comme ça ?

LYSISTRATA

Un homme ! Je vois arriver un homme qui marche bizarrement. Il semble gonflé à bloc. (*Implorante.*) Ô souveraine Aphrodite qui règne sur Chypre, Cythère et Paphos, continue à nous montrer le droit chemin, si raide !

LA FEMME, *se penchant aux remparts*

Où est-il, où est-il ?

LYSISTRATA

Là, à côté du sanctuaire de la Verdeur[1].

1. Littéralement « la Verdoyante » (*Chloé*), épithète de Déméter, déesse protectrice des semences, qui avait un petit temple à l'Acropole.

LA FEMME

Ah oui, il est là ! Je me demande bien qui c'est.

LYSISTRATA, *pressant les autres femmes*

Regardez ! Est-ce que l'une de vous le connaît ?

MYRRHINE

Ben tiens ! C'est mon mari, Niquelas !

LYSISTRATA, *à Myrrhine*

À toi de jouer. Tu le chauffes, tu le titilles, tu le câlines... tu l'aimes et tu ne l'aimes pas... Bref, tu lui donnes tout – sauf ce qu'empêche notre serment.

MYRRHINE

Ne t'inquiète pas, je m'en occupe.

LYSISTRATA

D'ailleurs je reste ici. Je vais t'aider à le cajoler et à le faire mijoter. Vous autres, allez-vous-en.

Les autres femmes partent. Niquelas arrive au pied du rempart, accompagné d'un esclave qui porte un enfant.

NIQUELAS

Ah là là, quelle horreur ! Ça me tire de partout, je suis tout raide. C'est une véritable torture.

LYSISTRATA, *s'avançant*

Qui va là ? Qui passe le poste de garde ?

NIQUELAS

C'est moi.

LYSISTRATA

Un homme ?

NIQUELAS

Bien sûr, un homme !

LYSISTRATA

Et, bien sûr, tu vas déguerpir.

NIQUELAS

Qui es-tu pour me mettre à la porte ?

LYSISTRATA

Sentinelle de jour.

NIQUELAS

Par tous les dieux, appelle-moi Myrrhine !

LYSISTRATA

Tu veux que j'appelle Myrrhine ? Mais toi, qui es-tu ?

NIQUELAS

Son mari, Niquelas de Boncoup.

LYSISTRATA, *urbaine*

Bonjour, très cher. Ton nom ne nous est pas inconnu, ta femme l'a sans cesse à la bouche. Chaque fois qu'elle mange une carotte ou une banane, elle soupire : « Ah, si c'était Niquelas... »

NIQUELAS, *ravi*

Aaah ! Mon Dieu !

LYSISTRATA

Oui, et puis chaque fois qu'on parle de nos hommes, ta femme dit tout de suite : « Tout ça, c'est de la gnognotte à côté de mon Niquelas. »

NIQUELAS, *trépignant*

Vite ! Appelle-la !

LYSISTRATA

Ah bon ? Et tu me donneras quelque chose en échange ?

NIQUELAS

Si tu veux. (*Il montre son sexe en érection.*) Voilà tout ce que j'ai. Et tout ce que j'ai, je te le donne.

LYSISTRATA, *sortant*

Bon. Je descends l'appeler.

NIQUELAS

Dépêche-toi ! Je n'ai plus goût à la vie depuis

qu'elle a quitté la maison. Ça me fait mal de rentrer chez moi, tout me paraît désert, la nourriture est fade... En gros : je ne fais que bander.

MYRRHINE, *criant, depuis l'intérieur de l'Acropole*

Je l'aime ! Je l'aime ! Mais il ne veut pas de mon amour ! (*Boudeuse.*) Non, je n'irai pas le voir !

NIQUELAS, *très tendre, vers l'Acropole*

Oh Myrrhinette, ma toute douce, pourquoi me fais-tu ça ? Allez, descends !

MYRRHINE, *apparaissant sur le rempart*

Non, je ne viendrai pas !

NIQUELAS, *plus ferme*

Tu ne descends pas alors que je t'appelle, Myrrhine ?

MYRRHINE

Tu n'as aucune raison de m'appeler.

NIQUELAS

Moi ? Aucune raison ? Je ronge mon frein.

MYRRHINE

Je m'en vais.

NIQUELAS

Non, non ! Écoute au moins ton fils ! (*Il se penche vers l'enfant.*) Hé, toi, tu n'appelles pas ta maman ?

L'ENFANT

Maman ! Maman ! Maman !

Un long silence. Myrrhine ne réagit pas.

NIQUELAS

Toi, alors ! Qu'est-ce qui te prend ? Tu n'as même pas pitié du petit qui n'a pas mangé ni pris un bain depuis six jours ?

MYRRHINE

Bien sûr qu'il me fait pitié ; et je trouve qu'il a un bien mauvais père !

NIQUELAS

Descends, cruelle ! Fais-le au moins pour ton enfant.

MYRRHINE, *descendant des remparts.*

Ce que c'est que d'être une mère ! Il faut que je descende, je n'ai pas le choix.

NIQUELAS, *en aparté*

J'ai vraiment l'impression qu'elle a rajeuni, et son regard me semble plus tendre que d'habitude. Et puis ses airs fâchés et arrogants, ça m'excite encore plus.

Myrrhine sort de l'Acropole ; elle court vers son enfant.

MYRRHINE

Oh mon petit bébé chéri qui a un si mauvais père ! Viens là que je t'embrasse, petit bébé chéri à sa maman.

NIQUELAS

Pourquoi tu fais ça, pauvre chérie ? Pourquoi tu écoutes les autres femmes, hein ? Moi, tu me fais souffrir, et toi, tu te fais du mal.

Il tente de l'embrasser.

MYRRHINE

Bas les pattes !

NIQUELAS

Mais mes petites affaires à la maison, et les tiennes aussi, d'ailleurs, tu les laisses tomber ?

MYRRHINE

Je m'en fous.

NIQUELAS

Tu te fous que tes habits soient mangés par les poules ?

MYRRHINE

Oui.

NIQUELAS

Et tes obligations sacrées envers Aphrodite ? Ça fait bien longtemps que tu ne les as pas célébrées, hein. Allez, reviens...

MYRRHINE

Non. Pas tant que vous n'aurez pas signé la fin de la guerre.

NIQUELAS, *sans conviction*

Bon, si on peut le faire, on le fera.

MYRRHINE, *l'imitant*

Bon, si je peux le faire, je rentrerai à la maison. Pour l'instant, j'ai juré que non.

NIQUELAS

Mais couche avec moi, au moins ! Ça fait si longtemps...

MYRRHINE

Pas question ! (*Enjouée.*) Ce qui ne veut pas dire que je ne t'aime pas...

NIQUELAS

Tu m'aimes ? Mais couche-toi, couche-toi, alors, ma Mimi !

MYRRHINE

Tu plaisantes ? Devant le petit ?

NIQUELAS

Non, non, bien sûr. (*À l'esclave.*) Manès[1] ! Ramène-le à la maison. (*L'esclave part avec l'enfant.*) Voilà, le petit ne nous gêne plus. Tu ne te couches pas ?

MYRRHINE

Mais, mon pauvre, où veux-tu qu'on fasse ça ?

NIQUELAS

Où ? Pourquoi pas dans la grotte de Pan ? Ce serait bien.

MYRRHINE

Mais comment pourrai-je revenir pure dans l'Acropole sacrée[2] ?

NIQUELAS

Aucun problème : tu te laveras dans la fontaine près de la grotte.

MYRRHINE

Et le serment ? Je devrai me parjurer ?

1. Manès est le nom typique de l'esclave dans les comédies.
2. Voir note 1 page 73.

NIQUELAS

Je prends sur moi. Ne t'en fais pas pour ton serment.

MYRRHINE

Bon. Je vais chercher un lit.

NIQUELAS

Mais non, on peut faire ça par terre !

MYRRHINE

Pas question. Tu as beau être comme tu es, je ne te laisserai jamais coucher par terre. (*Elle sort.*)

NIQUELAS, *en aparté*

Cette femme est amoureuse, c'est clair.

Myrrhine revient avec une natte.

MYRRHINE

Voilà. Allez, vite, couche-toi pendant que je me déshabille... (*Niquelas se couche.*) Mais ? Voyons, il faut que j'aille chercher un matelas !

NIQUELAS

Un matelas ? Pour quoi faire ? Moi je n'en ai pas besoin.

MYRRHINE

Mais si, voyons. On ne peut pas faire ça là-dessus !

NIQUELAS

Laisse-moi t'embrasser.

MYRRHINE

Voilà.

Elle l'embrasse du bout des lèvres, se dégage et s'en va.

NIQUELAS

Aaaaaaaaah ! Reviens tout de suite.

MYRRHINE, *revenant avec un matelas.*

Voilà le matelas. Couche-toi pendant que je me déshabille... Mais ? Voyons, tu n'as pas d'oreiller !

NIQUELAS

Mais je ne veux pas d'oreiller, moi.

MYRRHINE

Eh bien moi, oui. (*Elle sort.*)

NIQUELAS

Ma pauvre bite, tu vas mourir de faim...

MYRRHINE, *revenant avec un oreiller*

Allez, debout ! Lève-toi. (*Elle lui glisse l'oreiller sous la tête.*) Cette fois, j'ai tout ce qu'il faut.

NIQUELAS

Bien sûr qu'on a tout ce qu'il faut. Allez, viens là, mon trésor.

MYRRHINE

Attends, j'enlève mon soutien-gorge... Tu te souviens, pour le traité de paix ? Tu ne vas pas me rouler, hein ?

NIQUELAS

Plutôt mourir.

MYRRHINE, *se couchant auprès de lui*

Mais tu n'as pas de couverture !

NIQUELAS

Mais enfin, je n'en veux pas ! Moi, ce que je veux, c'est baiser.

MYRRHINE

Ne t'inquiète pas, tu vas le faire. Je reviens tout de suite. (*Elle sort.*)

NIQUELAS

Cette garce va m'achever avec ses couvertures.

MYRRHINE, *revenant avec une couverture*

Mets-toi droit.

NIQUELAS, *montrant son sexe*

Mais je suis droit !

MYRRHINE

Tu veux que je te parfume ?

NIQUELAS

Non, non, moi non.

MYRRHINE

Eh bien si, que tu le veuilles ou non. (*Elle sort.*)

NIQUELAS

Ah, mon Dieu, s'il pouvait gicler, mon parfum !

MYRRHINE, *revenant avec une fiole*

Tends la main. Je t'en verse et tu t'en mets.

NIQUELAS, *se bouchant le nez*

Ah là là, il n'est pas terrible, ce parfum. Ce n'est pas lui qui va précipiter les choses. Ça ne sent pas le mariage...

MYRRHINE

Quelle idiote ! Je me suis trompée, j'ai apporté un parfum bas de gamme...

NIQUELAS

Ça va, ça va... laisse tomber...

MYRRHINE

Tu veux rire ! (*Elle sort.*)

NIQUELAS

Qu'il meure dans d'atroces souffrances, celui qui a inventé le parfum !

MYRRHINE, *revenant avec une nouvelle fiole*

Prends cette fiole !

NIQUELAS, *montrant son sexe*

J'en ai déjà une. Allez, allez, vilaine ! Couche-toi, et ne va plus rien me chercher.

MYRRHINE

C'est ce que je vais faire. D'ailleurs, regarde, j'enlève mes chaussures. Mais n'oublie pas, chéri, de voter pour la paix.

Elle s'enfuit sans qu'il s'en rende compte.

NIQUELAS

J'y penserai. (*Comprenant soudain qu'elle est partie.*) Cette femme me tue ! Elle me fait endurer tout et le reste et, après m'avoir écorché vif, elle s'en va !

Ah ! Pauvre de moi ! Qui vais-je baiser,

si la plus belle des plus belles se refuse à moi ?
(Montrant son sexe.)
Que vais-je lui donner à manger, à celui-là ?
Où est le proxénète Chienrenard ? Qu'il me donne à manger !

STRYMODORE

Te voilà dans un terrible malheur, pauvre homme,
et ton âme est brisée par la déception.
Moi-même, ah là là, j'ai pitié de toi !
Quels reins pourraient supporter ça ?
Quelle âme ? Quelles couilles ?
Quelles hanches ? Quelle queue
en érection pourrait supporter
de ne pas baiser tous les matins ?

NIQUELAS, *montrant son sexe*

Ah ! Quelle terrible crampe !

STRYMODORE

Voilà dans quel état elle t'a mis, cette garce, cette vraie salope !

NIQUELAS

Tu veux dire cette adorable, cette vraie princesse !

STRYMODORE

Comment ça, princesse ? Une salope, oui, une salope, je te dis ! (*Hurlant, grandiloquent.*) Ô Zeus, puisses-tu, au milieu des éclairs, la saisir comme un brin de paille dans ton grand tourbillon, la faire tournoyer dans les airs, puis soudain la lâcher : qu'elle retombe sur la terre ! Là ! Pile sur le gland de son mari.

La place du Sénat à Athènes. Un sénateur. Un messager spartiate entre. Il cache une énorme érection sous son manteau.

LE HÉRAUT SPARTIATE

Où est-elle, l'assemblerie des vieux... enfin, le Sénat ? J'ai une nouvelle à communiquasser.

LE SÉNATEUR

Qui es-tu ? Homme ou démon en rut ?

LE HÉRAUT SPARTIATE

Par Castor et Pollux, je suis un messager, mon petit bonhomme ! Et je viens de Sparte pour la pacification.

LE SÉNATEUR

C'est pour ça que tu arrives avec une lance sous le bras ?

LE HÉRAUT SPARTIATE

Moi ? Euh, non... (*Il se tourne, gêné.*)

LE SÉNATEUR

Pourquoi tu te tournes ? Et qu'est-ce que tu

fabriques avec ton manteau ? Tu as attrapé une hernie sur la route ?

LE HÉRAUT SPARTIATE

Il est fou, ce gars, par Castor !

LE SÉNATEUR, *écartant le manteau du Spartiate*

Mais tu bandes, gros dégueulasse !

LE HÉRAUT SPARTIATE

Moi ? Ben non ! Tu divaguationnes complètement.

LE SÉNATEUR, *montrant le sexe du Spartiate*

Et c'est quoi, ça ?

LE HÉRAUT SPARTIATE

C'est le tube où je range les messages.

LE SÉNATEUR, *montrant son propre sexe en érection*

Et ça aussi, c'est un tube à messages, peut-être ? (*Soupirant.*) Allez, c'est bon, je suis au courant. (*Réfléchissant.*) Mais alors, dis-moi, comment ça se passe à Sparte ?

LE HÉRAUT SPARTIATE

Les membres de Sparte sont extrêmement tendus, et aussi nos alliancés. (*Pleurnichant.*) On a vraiment nécessitude de nos sacs à foutre !

LE SÉNATEUR

Qui a bien pu manigancer ce désastre ? Est-ce ce vieux lubrique de Pan ?

LE HÉRAUT SPARTIATE

Non, je croye bien que c'est Lampito qui est à la tête de tout ça. Les autres femmes de Sparte sont derrière elle, en unification, et elles empêchent les maris de faire des cochonneries.

LE SÉNATEUR

Comment le vivez-vous ?

LE HÉRAUT SPARTIATE

Nous souffrons ! Nous marchons pliés en deux dans toute la ville, comme des transportateurs de lanterne. Les femmes ne veulent même pas qu'on leur touche la touffe tant que nous n'aurons pas promulgacé la paix avec le reste de la Grèce.

LE SÉNATEUR

Je comprends, maintenant : c'est un complot de toutes les femmes réunies. Allez, va vite leur dire d'envoyer des ambassadeurs avec tout pouvoir pour négocier la paix. De mon côté, je vais dire au Sénat de nommer des ambassadeurs pour Athènes. Mon argument pour les convaincre ? (*Il montre son sexe.*) Cette bite.

LE HÉRAUT SPARTIATE

J'y vole. Tu parles très fortichement.

Ils sortent chacun d'un côté.

Le chœur des vieilles femmes et celui des vieillards, qui n'ont pas remis leurs tuniques ni leurs manteaux.

STRYMODORE, *grandiloquent*

Aucun fauve, aucun feu n'est plus dur à maîtriser qu'une femme, et aucune panthère n'est plus enragée !

STRATYLLIS

Eh bien, mon pauvre, puisque tu le sais si bien, pourquoi tu me fais la guerre, alors que tu pourrais m'avoir comme amie fidèle ?

STRYMODORE, *solennel*

Sache que jamais je ne cesserai de haïr les femmes.

STRATYLLIS

Bon, comme tu veux. Mais en tout cas, je ne peux pas te laisser tout nu comme ça. Regarde, tu es ridicule. Je vais te remettre ta tunique.

Les vieilles femmes du chœur rhabillent les vieillards.

STRYMODORE

Ça, au moins, ça n'est pas désagréable venant de

toi. (*Ému aux larmes.*) Tu sais, c'est parce que j'étais en colère que je l'ai enlevée tout à l'heure.

STRATYLLIS

Voilà. Tu as l'air d'un homme maintenant, tu n'es plus ridicule. (*Remarquant les larmes de Strymodore.*) D'ailleurs, si tu ne m'avais pas vexée, je t'aurais aussi enlevé le moucheron que tu as dans l'œil.

STRYMODORE

C'est donc ça qui me fait si mal ! (*S'approchant de Stratyllis.*) Tiens vas-y, enlève-le, ce moucheron, et montre-le moi. Ah ! Il m'embête depuis un bout de temps...

STRATYLLIS

D'accord, je vais te l'enlever, malgré ton sale caractère. (*Les vieilles femmes du chœur s'occupent des yeux des vieillards.*) Oh là là ! Ce qu'il est gros, tu as vu ! Il doit venir des marécages de Tricorythos !

STRYMODORE

Ah ! Tu m'as sauvé la vie. Depuis le temps que ça me brûlait... (*N'arrivant pas à s'arrêter de pleurer.*) Mais du coup, ça fait couler mes yeux.

STRATYLLIS, *câline*

Bon, je vais t'essuyer, bien que tu sois si méchant. Et je vais te donner un baiser.

STRYMODORE

Ah, non ! pas de baiser.

STRATYLLIS

Si ! un baiser, que tu le veuilles ou non !

Les vieilles femmes du chœur embrassent les vieillards.

STRYMODORE

Allez au diable, espèces de sorcières ! Aucun doute, c'est le proverbe qui a raison : *Avec elles, c'est la catastrophe, mais sans elles, c'est aussi la catastrophe.* Bon, maintenant, on fait la paix ? (*Jurant.*) Désormais, je ne vous ferai plus de misères, et vous ne m'en ferez plus. Allons, réunissons-nous et chantons ensemble.

LE CHŒUR, *vieilles femmes et vieillards réunis*

Nous n'allons pas, messieurs mesdames,
dire du mal du moindre citoyen.
Au contraire !
Nous ne dirons et nous ne ferons
que du bien.
Car il y a bien assez de malheurs comme ça.
(Haranguant les spectateurs.)
Homme, femme, qui a besoin d'argent, ici ?
Deux ou trois cents drachmes ?
Nous les avons là-dedans, dans notre bourse.
Vous empruntez aujourd'hui ?
Le jour où la paix sera signée,
vous n'aurez rien à rembourser !
On reçoit ce soir messieurs Grossecrapule[1] *– ce sont des gens très bien.*
Il reste de la purée ;
il y a aussi un cochon de lait que je viens de sacrifier :
vous aurez de la bonne viande.
Passez donc chez moi aujourd'hui de bonne heure,
vous et vos enfants, après le bain.
Et surtout allez-y tout droit, sans rien demander à personne,
faites comme chez vous, entrez d'un air décidé.
Et là... la porte sera fermée[2].

1. Le texte grec fait référence aux habitants de Carystos, ville d'Eubée, réputés très vulgaires.
2. La fin de la pièce contient trois intermèdes de ce type, procédé comique s'apparentant à un serment de Gascon : une invitation pleine de promesses à l'attention des spectateurs, qui se termine en queue de poisson.

Des ambassadeurs de Sparte entrent. Ils sont en érection sous leurs manteaux.

STRYMODORE

Voici les ambassadeurs de Sparte, avec leurs longues barbes traînantes, et avec une espèce de caisse à outils entre les cuisses. (*Aux ambassadeurs.*) Laissez-moi d'abord vous saluer, chers Spartiates. Et puis dites-moi comment ça va.

UN AMBASSADEUR SPARTIATE

Pas besoin de longues discourations. Vous allez voir comment ça va. (*Il ouvre son manteau.*)

STRYMODORE

Oh putain ! Le mal a énormément grossi ! Et l'inflammation s'aggrave, ma parole.

L'AMBASSADEUR SPARTIATE

Inimagibliment ! La seule chose à faire, c'est que quelqu'un nous apportaille la paix, à n'importe quelles conditations.

STRYMODORE

Justement, voilà les gens d'ici qui arrivent. Ils ressemblent à des lutteurs, avec leur tunique qui fait des faux plis. À mon avis, ils sont malades à force de faire de la gonflette.

Les ambassadeurs athéniens entrent, eux aussi en érection, de l'autre côté de la scène. Strymodore s'avance vers eux.

UN AMBASSADEUR ATHÉNIEN

Pourriez-vous nous dire où se trouve Lysistrata ? (*Ouvrant son manteau.*) Voilà l'état des lieux, côté hommes athéniens.

STRYMODORE

C'est exactement la même maladie que les autres. La douleur vous prend le matin, j'imagine ?

L'AMBASSADEUR ATHÉNIEN, *acquiesçant*

Ah mon Dieu, on est complètement exténués ! Si on ne se réconcilie pas, et vite, il n'y a pas à dire : on va finir par se taper Grandefolle.

STRYMODORE

Allons, reprenez-vous ; remettez vos manteaux. Il ne faudrait pas qu'un mutilateur des Hermès vous voie[1].

1. Un petit matin de l'année 415, on découvre les statues des Hermès placées aux coins des rues d'Athènes mutilées. C'est le scandale. Le nom d'Alcibiade, jeune stratège brillant, est évoqué. Accusé de profanation, il fuit à Sparte.

L'AMBASSADEUR ATHÉNIEN

Mon Dieu, tu as raison.

L'AMBASSADEUR SPARTIATE

Par Castor et Pollux, tout à fait, réenfilassons nos manteaux.

L'AMBASSADEUR ATHÉNIEN, *hélant l'ambassadeur spartiate*

Salut Spartiate ! C'est un vrai scandale, n'est-ce pas, ce qu'on nous fait subir ?

L'AMBASSADEUR SPARTIATE, *gêné, à un autre ambassadeur spartiate*

Ah, très beaucoup ami, c'est terrible : ils nous ont apercevus en érection !

L'AMBASSADEUR ATHÉNIEN, *s'approchant*

Allons, Spartiates, ne tournons pas autour du pot. Pourquoi êtes-vous venus ici ?

L'AMBASSADEUR SPARTIATE

Pour la paix, en ambassadage.

L'AMBASSADEUR ATHÉNIEN

Parfait, nous aussi. Si on appelait Lysistrata ? Elle seule peut nous réconcilier.

L'AMBASSADEUR SPARTIATE

Oui, oui, même Lysistratos si vous voulez.

L'AMBASSADEUR ATHÉNIEN, *se retournant*

Pas besoin de l'appeler. Elle a dû nous entendre : la voilà qui arrive.

Lysistrata entre.

STRYMODORE

Salut à toi, la plus virile de toutes les femmes ! C'est le moment d'être bienveillante et méchante, tendre et teigneuse, tolérante et intransigeante, bref : expérimentée. À toi de jouer ! Les dirigeants de la Grèce, séduits par ton charme, s'en remettent à toi pour régler leur conflit.

LYSISTRATA

Ce n'est pas une mission si difficile, s'il s'agit d'hommes gonflés à bloc et qui n'ont pas tenté de se manipuler les uns les autres. D'ailleurs c'est ce qu'on va voir. Où est Réconciliation ? (*Une très belle femme, très peu vêtue, entre. À Réconciliation.*) Amène-moi vite les Spartiates ! D'une main ni brusque, ni brutale, ni maladroite, pas comme nos maris, non, fais-le tout en caresses, comme une femme sait le faire. Et celui qui ne veut pas te donner la main, traîne-le par la bite. Amène-moi aussi les Athéniens, en les tirant par ce qu'ils te donneront. (*Réconciliation place les hommes des deux camps devant Lysistrata.*) Spartiates, mettez-vous ici, à côté de moi, et vous, là. Et écoutez-moi. « Je suis femme, et pourtant j'ai de la cervelle[1]. » J'ai mes idées à moi, qui

1. Vers attribué à Euripide.

ne sont pas trop mauvaises et, en écoutant mon père et les anciens, j'ai pas mal appris. Puisque je vous ai tous sous la main, vous allez m'entendre : vous qui aspergez les autels d'eau sacrée à Olympie, aux Thermopyles, à Delphes (et je pourrais en citer d'autres) comme des enfants d'une même famille, quand les barbares, les armes à la main, sont à nos portes, vous vous tuez entre Grecs et détruisez vos villes. (*Grandiloquente*) « Voilà pour la première chose que j'avais à dire. »

L'AMBASSADEUR ATHÉNIEN, *les yeux rivés sur Réconciliation*

Moi aussi ça me tue. Et je vais mourir en bandant.

LYSISTRATA, *aux Spartiates*

Spartiates, c'est à vous maintenant que je m'adresse. Vous ne vous souvenez donc pas qu'un jour votre ambassadeur Périclidas est venu ici ? Qu'il s'est prosterné sur les autels, tout blanc dans son uniforme tout rouge ? Qu'il a demandé, d'un air suppliant, une armée aux Athéniens ? C'était l'époque où vous étiez touchés par un tremblement de terre et menacés par la révolte en Messénie. Alors Cimon l'Athénien a pris quatre mille soldats et il a intégralement sauvé Sparte. Voilà ce que les Athéniens ont fait pour vous, et vous, vous détruisez ce pays qui vous a fait du bien !

L'AMBASSADEUR ATHÉNIEN

Mon Dieu, Lysistrata, qu'ils sont ingrats !

L'AMBASSADEUR SPARTIATE, *répétant mécaniquement*

C'est vrai, nous sommes ingrats. (*Les yeux rivés sur Réconciliation.*) C'est pas croyable comme ce cul est beau.

LYSISTRATA, *aux Athéniens*

Mais vous, Athéniens, vous croyez peut-être que je n'ai rien à vous dire ? Que vous n'avez rien à vous reprocher ? Vous ne vous souvenez donc pas qu'un jour, alors que vous étiez réduits à l'esclavage, des Spartiates sont venus ici, les armes à la main ? Qu'ils ont tué de nombreux Thessaliens, et de nombreux partisans et soldats du tyran Hippias[1] ? Qu'ils étaient les seuls à combattre à vos côtés, ce jour-là ? Qu'ils vous ont rendu la liberté, et que depuis, vous ne portez plus des habits d'esclaves mais d'hommes libres ?

L'AMBASSADEUR SPARTIATE, *regardant Lysistrata*

Jamais vu femme si estimablissime.

L'AMBASSADEUR ATHÉNIEN, *regardant Réconciliation*

Et moi, jamais vu si belle chatte.

LYSISTRATA, *imperturbable*

Vous qui vous êtes tellement entraidés, pourquoi

1. Voir note 1 page 65.

continuez-vous à vous faire la guerre ? Pourquoi ne pas mettre fin à ce gâchis ? Pourquoi ne pas vous réconcilier ? Voyons, qu'est-ce qui vous en empêche ?

L'AMBASSADEUR SPARTIATE

Nous, on le veuille bien, mais si on veuille bien nous rendre ces montagnes...

LYSISTRATA

Lesquelles, mon ami ?

L'AMBASSADEUR SPARTIATE,
tournant autour de Réconciliation

Ces deux petites montagnes, que nous désirassons depuis longtemps, et que nous voulons tripoter.

L'AMBASSADEUR ATHÉNIEN

Ah ça, vous n'y toucherez pas !

LYSISTRATA, *à l'Athénien*

Cédez, cédez, mon cher.

L'AMBASSADEUR ATHÉNIEN

Et nous alors, qu'est-ce qu'on va toucher ?

LYSISTRATA

Réclamez une autre zone en échange.

L'AMBASSADEUR ATHÉNIEN

Bonne idée. (*Il tourne autour de Réconciliation.*) Donnez-nous d'abord ça... (*Il montre le sexe.*)... le mont de Vénus, et... (*Il montre les fesses.*)... les deux collines qui sont de l'autre côté, et puis aussi... (*Il montre les jambes.*)... les deux routes principales.

L'AMBASSADEUR SPARTIATE

Ah non, mon garçon, pas tout ça, par Castor et Pollux !

LYSISTRATA, *à l'Athénien*

Laissez. Pas de dispute sur les routes.

L'AMBASSADEUR ATHÉNIEN, *satisfait*

Allez... moi, maintenant, je vais labourer mes terres... tout nu.

L'AMBASSADEUR SPARTIATE

Et moi, par Castor et Pollux, je veux immédiatitement aller remuer du crottin.

LYSISTRATA

Dès que la paix sera conclue, vous pourrez faire ces choses-là. Alors, si vous avez vraiment envie de faire ces choses-là, c'est le moment de vous réunir et de vous mettre d'accord avec vos concitoyens.

L'AMBASSADEUR ATHÉNIEN

Quoi, nos concitoyens, ma chère ? Mais nous

bandons ! Tu crois que nos concitoyens ne veulent pas exactement la même chose que nous : baise pour tout le monde ?

L'AMBASSADEUR SPARTIATE

Ah oui, nous, oui, par Castor et Pollux !

L'AMBASSADEUR ATHÉNIEN

Même nos alliés Grossecrapule !

LYSISTRATA

Très bien. Maintenant, allez vous purifier pour que les femmes puissent vous accueillir dans l'Acropole, les portes grandes ouvertes. Là, vous prêterez serment et vous vous engagerez les uns envers les autres. Puis chacun reprendra sa femme et s'en ira.

L'AMBASSADEUR ATHÉNIEN

Vite, vite, allons-y !

L'AMBASSADEUR SPARTIATE, *à Lysistrata*

Amène-nous où tu veuilles.

L'AMBASSADEUR ATHÉNIEN

Oui, amène-nous, dépêche-toi.

Ils entrent tous dans l'Acropole. Ne reste sur scène que le chœur.

LE PREMIER DEMI-CHŒUR[1]

Couvertures, broderies,
manteaux, tuniques, bijoux :
tout ce que j'ai, je le donne sans amertume.
Que chacun se serve, pour ses enfants,
ou pour la fête des jeunes filles.
À tous, je dis : prenez chez moi mes affaires !
Il n'y a pas de boîte si bien fermée
qu'on ne puisse en casser la serrure
pour en vider le contenu.
Soyez tranquille, on aura beau surveiller,
on ne vous verra pas – sauf bien sûr si quelqu'un
a de meilleurs yeux que moi.

LE SECOND DEMI-CHŒUR

Si l'un de vous n'a plus de blé,
et qu'il doit nourrir ses serviteurs et ses marmots,
il n'a qu'à prendre chez moi
des grains de blé fin
et une ration de pain :
il est bien frais.
Tu es pauvre ? Viens donc chez moi
avec plein de sacs, tu auras du blé.
Mon esclave Manès te fera bon accueil.
Mais je te préviens ! Ne t'approche de ma porte :
attention chien méchant.

1. Cet intermède est dicté par une nécessité matérielle : celle de faire sortir les choreutes et de leur laisser le temps de se déguiser les uns en Athéniens, les autres en Spartiates, pour l'*exodos,* scène finale de réjouissances et de chants, comparable aux ballets concluant certaines comédies de Molière.

Quelques heures plus tard. Le chœur bloque la porte de l'Acropole. On entend au loin les bruits d'un banquet finissant.

L'AMBASSADEUR ATHÉNIEN,
entrouvrant la porte de l'intérieur

Ouvre la porte. Allez, pousse-toi. Pourquoi vous restez là, vous ? Vous voulez que je vous brûle avec ma torche, c'est ça ? (*À lui-même.*) Non, ce serait trop grossier, je ne vais pas le faire. (*Au chœur.*) Mais s'il le faut vraiment, on s'obligera à le faire pour vos beaux yeux.

UN ATHÉNIEN, *de l'intérieur de l'Acropole*

Nous aussi, on s'obligera !

L'AMBASSADEUR ATHÉNIEN, *au chœur*

Fichez-moi le camp ou vous allez regretter vos cheveux ! Fichez-moi le camp, que les Spartiates puissent sortir de là ! Le banquet est en train de se terminer.

Jeu de scène. Le chœur finit par se retirer. L'ambassadeur et un Athénien entrent sur scène.

L'ATHÉNIEN

Ah, ce banquet ! Je n'ai jamais rien vu de pareil de ma vie. Même les Spartiates étaient charmants.

Et nous, malgré le vin, on s'est très bien tenus à table.

L'AMBASSADEUR ATHÉNIEN

C'est logique : nous, à jeun, on n'est pas en forme. Si j'arrivais à convaincre les Athéniens, on serait toujours saouls pendant les rencontres diplomatiques. Quand on va à Sparte sans avoir bu, on ne cherche qu'à foutre la merde. Ce qu'ils disent, on ne l'écoute pas, et ce qu'ils ne disent pas, on l'imagine ; on ne parle pas de la même chose. Tandis que là, pendant le banquet, tout nous réjouissait. Quelqu'un s'est trompé de chanson... eh bien, on a fait comme si de rien n'était.

Quelques personnes du chœur reviennent sur scène faire diversion, puis ressortent.

L'AMBASSADEUR ATHÉNIEN

Ah ! Les voilà qui reviennent. Allez au diable, bande de têtes-à-claques !

L'ATHÉNIEN

Ah, ça y est, cette fois, ils s'en vont.

Les Spartiates, les Athéniens et Lysistrata sortent de l'Acropole.

UN SPARTIATE, *à un musicien*

Prends tes flûtres, mon très beaucoup ami. Je vaille danser une danse de chez nous et chansonner une belle chanson en l'honneur des Athéniens et de nous-mêmes.

Le musicien ne se presse pas.

L'AMBASSADEUR ATHÉNIEN

Allez, allez, attrape tes flûtes ! (*Au Spartiate.*) J'ai vraiment très envie de vous voir danser.

Le musicien entame un air spartiate.

LE SPARTIATE, *dansant et chantant*

Muse de la mémoire,
envoye aux jeunes gens
ta fille : elle connaît nos prouesseries
et celles des Athéniens.
À la bataille d'Artémision,
ils ont attaquaillé
comme des cochongliers
les bateaux des Perses
et ils les ont vaincus.
De notre côté,
derrière notre roi Léonidas
nous avançassions
comme de gros cochons
aux longues dentitions.
Des litrailles de sueur coulaient sur nos joues,
des litrailles de sueur coulaient sur nos jambes,
et il y avait plus encore de guerroyeurs perses
que de grains de sable sur la plage.
Artémis, déesse chasseuse, vierge divinante,

toi qui tues les fauves,
viens ici
viens voir notre trêve.
Fais que notre unission
dure le plus beaucoup que tu peux.
Fais que notre amitié
dure éternelliquement,
grâce à nos serments.
Et qu'on en finissasse avec tous les rusés renards !
Oui, viens ici ! ici ! ici !
vierge chasseuse.

LYSISTRATA

Tout est bien qui finit bien ! Maintenant, Spartiates, retrouvez vos femmes. (*Aux Athéniens.*) Et vous, les vôtres. Chaque mari à côté de sa femme, chaque femme à côté de son mari ! Allons fêter cet heureux événement en dansant en l'honneur des dieux. Et veillons à ne pas refaire les mêmes erreurs à l'avenir.

TOUS

Que le chœur s'avance !
Invoquons les Grâces !
Invoquons Artémis !
Invoquons son jumeau Apollon qui dirige les chœurs !
Invoquons Dionysos aux yeux lubriques, et ses prêtresses déchaînées !
Invoquons Zeus au feu éblouissant !
Invoquons sa maîtresse, bienheureuse et vénérable !

Invoquons toutes les autres divinités !
Qu'elles soient les témoins éternels de la paix obtenue par la déesse de l'Amour !
Hip hip hip, hourra !
Courez ! Sautez ! Hourra !
Victoire ! Hip hip hip, hourra !
Ouououououououou !

L'AMBASSADEUR ATHÉNIEN

Vas-y, Spartiate, encore une chanson.

LE SPARTIATE

Quitte les douces montagnes de notre pays,
Muse spartiate, et viens ! viens fêter l'honorablesque Apollon,
et la déesse Athéna,
et nos braveureux Castor et Pollux.
En avant, marche !
Hop, allez, saute !
On célèbre Sparte !
Sparte qui aime les chansonnages des dieux,
et le bruit des pas des jeunes filles
qui dansent, comme des gazelles qui bondifient !
Leurs pieds soulèvifient la poussière,
leur chevelure s'agitaille au vent
comme celles des prêtresses de l'amour
pendant leurs ébats amoureux.
À la tête du cortège, il y a la fille d'Artémis :
qu'est-ce qu'elle est belle, et qu'est-ce qu'elle est vierge !

(*Déchaîné, aux filles de l'assemblée.*) Allez, les filles, accrochifiez vos cheveux, bondissaillez comme des biches, battifiez le rythme, et chantassez pour la déesse très beaucoup puissante, la déesse très beaucoup guerroyante, la déesse Athéna !

TABLE

Collection “Poche-Retour aux grands textes”

1. Sénèque, *La Vie heureuse*
6. *La Bhagavad Gîtâ*
7. Pétrone, *Satiricon*
9. Marc Aurèle, *Pensées pour moi-même*
10. Cicéron, *Savoir vieillir*
11. Cicéron, *L'Amitié*
14. Plutarque, *La Conscience tranquille*
16. Sappho, *Le Désir*
18. César, *La Guerre en Gaule*
19. Quintus Cicéron, *Manuel de campagne électorale*
21. Cicéron, *Devant la mort*
22. Cicéron, *Devant la souffrance*
23. Cicéron, *Le Bonheur*
26. Ésope, *Fables*
29. Cardinal Mazarin, *Bréviaire des politiciens*
30. Euripide, *Électre*
33. *Chronique anonyme de la Première Croisade*
36. Anthologie, *Rome et l'amour*
37. Démosthène, *Les Événements de Chersonèse*
41. Plutarque, *L'Ami véritable*
43. Montaigne, *L'Éducation des enfants*
44. Ovide, *L'Exil et le Salut*
45. Montaigne, *L'Expérience*
47. Salluste, *La Conjuration de Catilina*
49. Pline l'Ancien, *La Vertu des plantes*
50. Pline l'Ancien, *La Vertu des arbres*
51. Ignace de Loyola, *Exercices spirituels*
52. Claude Terreaux, *Vous reprendrez bien un peu de latin*
53. Montaigne, *Les Essais*
54. Léonard de Vinci, *Maximes, fables et devinettes*
55. Synésios de Cyrène, *Éloge de la calvitie*
56. Érasme, *Savoir-Vivre à l'usage des enfants*
57. Érasme, *Plaidoyer pour la paix*
58. Ernest Renan, *Vie de Jésus*
59. Sénèque, *Les Bienfaits*
60. Montaigne, *Le Meilleur des* Essais
61. Gilles Ménage, *Histoire des femmes philosophes*
62. Martial, *Épigrammes*

63. Montaigne, *Journal de voyage, Lettres, Éphémérides, Sentences*
65. Étienne de La Boétie, *La Servitude volontaire*
66. Lucien de Samosate, *Éloge de la danse*
67. Anthologie, *La Sagesse des anciens*
68. Léonard de Vinci, *Hommes, bêtes et météores*
69. François Rabelais, *Gargantua, Pantagruel*
70. Sénèque, *Apprendre à vivre (Lettres à Lucilius)*
71. Montaigne, *Montaigne et la femme*
72. Tacite, *La Germanie*
73. Plutarque, *Erotikos*
74. Sénèque, *L'Homme apaisé*
75. Sénèque, *La Providence*
76. Villon, *Œuvres complètes*
77. Platon, *Le Bonheur selon Socrate*
78. Plutarque, *Le Vice et la vertu*
79. Lucien de Samosate, *Dialogue des courtisanes*
80. Lucrèce, *La Nature des choses*
81. Épictète, *Ce qui dépend de nous*
82. *Le Cantique des cantiques*
83. Hésiode, *Les Travaux et les jours*
84. Homère, *Des héros et des dieux*
85. L'Ecclésiaste, *Un temps pour tout*
86. Pline le Jeune, *Le Temps à soi*
87. Platon, *Le Souci du bien*
88. Plutarque, *L'Intelligence des animaux*
89. Aristophane, *Lysistrata*

ACHEVÉ D'IMPRIMER
EN SEPTEMBRE 2016
SUR LES PRESSES DE
CORLET IMPRIMEUR
À CONDÉ-SUR-NOIREAU
C A L V A D O S

Numéro d'édition : 1007
Numéro d'impression : 184569
Dépôt légal : octobre 2012
Imprimé en France